超 心理学のきほん

世の中にひそむ
「本当」が
[illegible]えてくる

監修●
小口孝司

永岡書店

はじめに

みなさんの日常は、心理学と大きく関わっています。さまざまな場面、状況、関係性（ビジネス、学校、恋愛など）、加えて年齢や性別などを問わず、です。そのため、紙の書籍が少なくなってきている昨今においてさえも、心理学への関心は高く、心理学に関する書籍が数多く出版されています。

そうした既刊本とは異なり、本書は次のような特徴があります。

①それぞれのお話をよくある出来事から始めているので、「それ、ある！」と思っていただけるでしょう。
②登場人物は性格や年代、性別などが異なる人物を複数設定しました。いろいろな方々に当てはまる場面をとり上げ、それぞれのお話を具体的に描いています。
③お話のタイトルで、どのような事象なのかを示しています。
④「KEYWORD」で、とり上げる心理学用語を記しています。
⑤多様な現象や事象の背景について、心理学から見た解説をしています。
⑥「ヒント！」で、心理学的知見から今後の対処についての提案をしています。
⑦それぞれの話を簡潔にまとめていますので、軽い読み物として楽しんでいただけるとうれしいです。

最初から通して読まれるのはもちろん、関心のあるテーマや、ご自身に近い登場人物に関するものから読まれるのも、おもしろいと思います。その際、最初の段落で具体的な場面設定を記していますが、もし冗長と思われたらスキップしてくださって大丈夫です。同様に、「ヒント！」も読み飛ばしてくださっても大丈夫です。

このようないくつかの特徴のある本書です。本書は、テーマとキーワードにふさわしい登場人物に関する出来事から話を進めています。その登場人物は、6ページのような人たちです。みなさんが普段どこかで会ったり、見かけたりするような方々でしょう。もしかしたら、ご自身に近いと思う方もいらっしゃるかもしれません。ですから、心理学のお話がより身近なものとして感じていただけるのではないかと思います。

本書が、みなさんにとってわずかでも何かのお役に立つものとなってくれることを願っています。

最後になりましたが、本書は永岡書店の龍崎忍さん、編集協力の肥後晴奈さん、パケットの阿曽淳史さんのご尽力の賜物です。深く感謝いたします。

立教大学現代心理学部教授 小口孝司

本書の見方

なぜハロウィンなどで羽目をはずしてしまうの？

KEYWORD

群集心理　匿名性

Nさんは友人と仮装し、ハロウィンでにぎわう渋谷へ行きました。最初は仮装を見たり記念撮影をしたりと楽しんでいましたが、しだいに酔っ払いが暴れたり、群集の騒ぎ方が過度になっていく様子を見て怖くなりました。

普段一人でいるときにはしないことを、なぜか群集の中にいるときにはしてしまい、人が変わったようになることがあります。これを**群集心理**といいます。群集の中にいる

18

項目タイトル

日ごろ疑問に思うことや気になる事象を、それぞれの項目でとり上げています。なお、本書は通して読んでもいいですし、気になる項目から読んでいくのもよいでしょう。

KEYWORD

この項目でとり上げる心理学の用語やキーワードです。314～320ページのさくいんから検索することもできます。

出来事

冒頭で日常起こり得る出来事の例を、具体的に紹介しています。イラストとあわせて読むことで、どのような話かがすぐにわかります。

本書は、「社会・出来事」「SNS・インターネット」「趣味・カルチャー」「人間関係」「恋愛・男女」「職場の人間関係」「自分」「ビジネステクニック」の8章に分けて構成し、いずれも具体的な出来事を例に挙げ、その原因となり得る人間の心理をひも解く形で解説しています。さらに、それぞれに関する心理学のキーワードを紹介します。

ことによって一体感や**匿名性**《とくめいせい》を感じたり、罪悪感や責任感が薄くなったりするものです。

群集心理はよい方向に働けば、一体感によって気分が高揚する、日常感じている責任感が薄れることでリラックスできる、解放感を覚えるなどの作用があります。しかし、場合によっては、学校や会社にいるときのような義務感や役割がなくなり、匿名の存在になることでストッパーがかからず、ルールやマナーに対する意識も薄れ、悪ノリやモラルに反するようなことをしてしまうこともあるのです。さらには飲酒によって理性が失われ、過激化することもあります。フランスの心理学者ル・ボンによると、群集心理のメカニズムとは群集の中にいると暗示を受けやすくなり、その暗示が周りに感染し、衝動の奴隷になっていくことだとされています。

社会・出来事

ヒント!

節度を保てば、群集心理を心の解放に利用できます。スポーツ観戦やコンサートで歓声を上げたり、踊ったりするとリフレッシュする人も多いでしょう。

19　第1章 ● 社会・出来事に関する心理学

ヒント!

解説をふまえて、心理学を実生活に生かすヒントを載せています。

解説

冒頭の出来事を受けて、なぜそのような出来事が起こるのか、心理学の観点から考察し、解説しています。

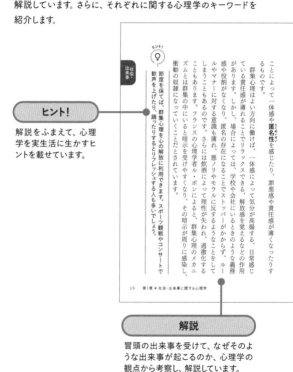

登場人物相関図

各項目の出来事には、主に下記の5人が登場します。

A（アイ）さん
35歳
兼業主婦

10歳の息子がいる。仕事、家事育児、夫婦関係、ママ友付き合いなどでストレスを抱えている。

S（ショウ）さん
33歳
会社員

仕事人間。最近、部下を持つようになり、管理職としてのストレスも抱えるようになった。

N（ナナ）さん
24歳
会社員

繊細な性格。自己肯定感が低めで、ちょっとしたことで傷ついてしまう。SNS中毒気味。

R（レン）さん
20歳
大学生

いまどきの若者。大学生になってからアルバイトを始めており、熱心に働いている。

H（ハル）さん
25歳
会社員

Nさんの同僚。流行に敏感で、オシャレ好き。前向きな性格で、誰とでも分け隔てなく接する。

- A（アイ）さん：おば ⇔ N（ナナ）さん：めい
- S（ショウ）さん：上司 ⇔ N（ナナ）さん：部下
- N（ナナ）さん：姉 ⇔ R（レン）さん：弟
- N（ナナ）さん ⇔ H（ハル）さん：会社の同僚

第1章 社会・出来事に関する心理学

第2章 SNS・インターネットに関する心理学

第3章 趣味・カルチャーに関する心理学

第4章 人間関係に関する心理学

第5章 恋愛・男女に関する心理学

第6章 職場の人間関係に関する心理学

第7章

自分に関する心理学

第8章 今すぐ使える心理的ビジネステクニック

第1章

社会・出来事に関する心理学

なぜハロウィンなどで羽目をはずしてしまうの？

KEYWORD

群集心理 **匿名性**

Nさんは友人と仮装し、ハロウィンでにぎわう渋谷へ行きました。最初は仮装を見たり記念撮影をしたりと楽しんでいましたが、しだいに酔っ払いが暴れたり、群集の騒ぎ方が過度になっていく様子を見て怖くなりました。

普段一人でいるときにはしないことを、なぜか群集の中にいるときにはしてしまい、人が変わったようになることがあります。これを**群集心理**といいます。群集の中にいることによって一体感や匿名性《とくめいせい》を感じたり、罪悪感や責任感が薄くなったりするものです。

群集心理はよい方向に働けば、一体感によって気分が高揚する、日常感じている責任感が薄れることでリラックスできる、解放感を覚えるなどの作用があります。しかし、場合によっては、学校や会社にいるときのような義務感や役割がなくなり、匿名の存在になることでストッパーがかからず、ルールやマナーに対する意識も薄れ、悪ノリやモラルに反するようなことをしてしまうこともあるのです。さらには飲酒によって理性が失われ、過激化することもあります。フランスの心理学者ル・ボンによると、群集心理のメカニズムとは群集の中にいると暗示を受けやすくなり、その暗示が周りに感染し、衝動の奴隷になっていくことだとされています。

ヒント!

節度を保てば、群集心理を心の解放に利用できます。スポーツ観戦やコンサートで歓声を上げたり、踊ったりするとリフレッシュする人も多いでしょう。

なぜ危険なあおり運転をする人が出てくるの？

KEYWORD

敵意帰属バイアス

Nさんが男友だちとドライブ中、後続の車が過度に接近したり、蛇行したりしてあおってきました。車線変更をすると、そのドライバーはこちらをにらんだだけで去っていき、Nさんたちはほっとしました。

このようなあおり運転のニュースはあとを絶たず、痛ましい事件・事故につながることもあります。あおり運転をする人は、**敵意帰属バイアス**が強い人だと考えられます。

相手の言動は、敵意や悪意によるものだととらえがちの人です。例えば、少し離れた場所にいる人たちが笑いながら話しているのを見ると、「あの人たちは自分の悪口をいって笑っているに違いない！」と考えてしまうのが、敵意帰属バイアスの強い人です。

アメリカの心理学者ケネス・A・ドッジらの研究によると、年齢や性別、人種、国籍に関係なく、敵意帰属バイアスが強い人は攻撃行動を起こしやすく、犯罪件数が多いことがわかりました。また、幼少期に家族や周りの大人、友人などから暴力を受けたり、拒絶されたりする経験が多いと、敵意帰属バイアスが強くなる可能性が高いことも明らかになっています。

そのため、冒頭のあおり運転の例でいうと、周囲の車の速度やブレーキのタイミングだったり、車線変更や追い越しなど通常の行為であったりしても、それらが自分への嫌がらせや挑発だと認識してしまう人があおり運転をしやすいと考えられるのです。

なぜ困っている人がいても見て見ぬふりをしてしまうの？

KEYWORD

傍観者効果　責任の分散　多元的無知　評価懸念

Rさんが朝、大学に向かって歩いていると、スマホを片手に焦った表情でキョロキョロしている女性がいました。道に迷っているようですが、他の通行人たちは気にせず通り過ぎていくし、女性相手に声をかけて変な誤解をされても困ると思い、Rさんも気づかなかったふりをして通り過ぎてしまいました。

このように多くの他者がいるときほど、人は援助行動を起こしにくくなることを**傍観**

者効果といいます。傍観者効果が起こる原因は、次の3つ。1つめは、自分以外に事態を知る人が周りにいると、自分が対応しなくてはならないという責任感が低下する**責任の分散**。人数が多いほど、この傾向が強くなります。

2つめは、目の前で起きていることが緊急事態かどうかを判断できないときに、周りの人の行動に合わせてしまう**多元的無知**と呼ばれるもの。

3つめは、行動を起こしたときに、その行動に対する周りの人の目や評価を心配する**評価懸念**です。周りにいる人数が多いほど批判される危険性が高いので、評価懸念も高まります。そのため、行動を起こさない判断をするのです。Rさんが「変な誤解をされても困る」と思ったのは、この評価懸念です。朝のラッシュで通行人が多かったことも影響したでしょう。

ヒント！

自分が助けてほしいときは、誰か一人だけに「助けてほしい」と伝え、どうして困っているのか、どのように助けてほしいのかを具体的に伝えてみましょう。

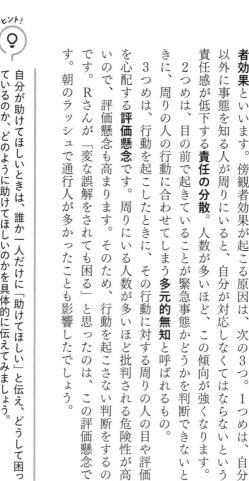

エンタメの暴力シーンはいじめや犯罪を増やす？

KEYWORD

観察学習（モデリング）　カタルシス効果（心の浄化作用）

Aさんの息子（小4）は、話題のテレビドラマにはまっています。しかしそのドラマには毎回、わりとリアルな暴力シーンがあるので、息子の心の成長に悪影響をおよぼさないかと心配です。

暴力シーンを見ることによる子どもの心への影響については、攻撃促進と攻撃抑制という相反する見解があります。

まず、カナダの心理学者アルバート・バンデューラの実験によると、子どもは暴力シーンを見ると、**観察学習（モデリング）**をし、まねをする傾向があることがわかりました。一方、暴力的な映像を見ることで、暴力的な欲求が満たされて解消される**カタルシス効果（心の浄化作用）**があるという考えがあります。心の中にため込んだ怒りや不安、悲しみなどのマイナス感情を何らかの形で吐き出し、発散することで、悩みが整理され、心理的に安定することです。

また、暴力シーンのリアルさや激しさよりも、暴力が賞賛されているもの、正当化されているもの（復讐のための暴力など）、暴力をふるう主人公が魅力的であるものなど、暴力に肯定的な意味が含まれているもののほうが、子どもの心に悪影響をおよぼす可能性が高いと考えられています。

さらには、暴力性の高い実写映像ではいじめや犯罪への影響が考えられるものの、アニメや時代劇といったファンタジーやストーリーがパターン化して残虐さが少なく「娯楽性」の高い暴力映像は、ポジティブな感情や認知が強く現れるという見解もあります。

疎外感を感じている人は犯罪に走りやすい？

KEYWORD

社会的絆理論（ソーシャルボンド理論） 社会的排除 コンプレックス 補償

自分と周囲をつなぐ4つの社会的絆

Rさんは、いわゆる「無敵の人」による殺傷事件のニュースを見ました。面識のない、何の罪もない他人に、自己中心的な考えで犯行におよぶ事件に対し、「なぜ？　回避しようがないなんて怖すぎる！」と強い怒りと恐怖を感じました。

「無敵の人」とは、社会的に失うものがないために、犯罪行為に何の躊躇《ちゅうちょ》も感じない人を意味するインターネットスラングです。無職だったり、家族や仲間との関係が希薄だったりして、自分は人とのつながりがないと思い込んでいる人を指します。**社会的絆理論（ソーシャルボンド理論）**は、アメリカの社会心理学者トラビス・ハーシーが提唱したもので、絆の強さや種類の多さが非行や犯罪行為の抑制に影響するというものです。ハーシーは犯罪を抑止する社会的絆として、次の4つがあるとしています。

①愛着関係……家族や先生、友人など身近な人、親しい人に対する愛情や尊敬のこと。これらにより、価値観やルールを相手に合わせていこうとします。また、愛着を持った人に悲しい思いをさせたくない、がっかりさせてはいけないと考えるので、逸脱した行動を抑えることができます。特に親子間の愛着関係は、社会的絆の中で最も重要視されています。

②コミットメント……関係性のこと。今まで積み上げてきたもの（学業、経験、キャリア、人間関係など）を失う、努力してきた成果が無駄になるというリスクを懸念することが、犯罪を抑止します。

③関わり合い……決まりを守って行動する、学校や会社のような場所での生活のこと。この時間が長いと、忙しくて犯罪に関わる機会や時間がなくなります。また、熱心に勉強や部活、仕事に打ち込むことで、一緒に活動する人たちとの絆ができていきます。

④信念……社会的な規則・法律・規範の正しさを信じ、従うべきだと思っていること。このような信念が強ければ、犯罪をする可能性は低くなります。

社会的絆が犯罪を抑止する

これらの社会的絆を感じられていない人は、周囲の人や社会から粗末に扱われてきた、馬鹿にされてきたといった疎外感を抱きやすくなります。心理学用語では、この疎外を**社会的排除**といいます。社会的排除を感じている人は被害者意識や不満を持っており、反撃として、過激な攻撃的犯罪行為を起こしやすくなると考えられています。アメリカの心理学者ジーン・トゥエンギーによる社会的排除と攻撃行動の関係を見る実験では、参加した学生たちは実験のために疑似的な社会的排除の状態を与えられただけにもかかわらず、疎外されているという感情を抱き、高い攻撃性を示しました。

他方で、**コンプレックス**と犯罪の関係性も示されています。コンプレックスはよく劣等感という意味で使われますが、心理学用語では「無意識下での感情を伴う心的複合体」といいます。「私のコンプレックスは○○です」とはっきりとはいえない、意識していないもののことです。コンプレックスは、無意識下で蓄積していきます。そして、何らかのきっかけで表面化したときに、なんとか克服しようという心理が働きます。この欠点や弱点を補おうとする心の動きを**補償**といい、補償の歪んだ形が犯罪だと考えられています。無意識下にあったコンプレックスに気づいたとき、補償が犯罪につながってしまうかどうかは、社会的絆の有無が大きく関わっています。

ヒント！

自分にとっての4つの社会的絆は、何なのか考えてみましょう。普段はあたり前に感じていた絆が、大切なものとして浮かび上がってくるかもしれません。

なぜ避難勧告を無視してしまうのだろう？

KEYWORD

正常性バイアス **多元的無知**

Aさんの住む地域でバケツをひっくり返したような大雨が降り、テレビのニュース番組では、「これまでに経験したことのないような大雨です。避難してください」と伝えています。しかし、ご近所を見ても避難する人の姿はなく、夫も「よくあることだよ」とまるで他人事のようです。

当該者が避難勧告を無視してしまうのは、**正常性バイアス**によるものです。正常性バイアスとは、非常事態に直面したときに「たいしたことはない」と、危険を過小評価することで心の平穏を保とうとすることです。正常性バイアスによって、災害時に逃げ遅れる人が多く出てしまうことがあります。

また、避難勧告を無視する理由として、アメリカの心理学者フロイド・H・オールポートが提唱した**多元的無知**という考え方もあります。集団内において、「自分だけが否定的な意見を持っていて、他のみんなは受け入れている」と多くの人が思い込んでいる状態をいいます。

Aさんの例では、周りの人が誰も避難しないのを見て、危険だと思っているのは自分だけだと思い込んでしまい、周りに合わせて避難しないことが当てはまります。しかし実際は、みんなが危険だと思っているのに、みんなに多元的無知が働いて、誰も避難しないという状況が起こっているのです。

ヒント！

災害時は周囲の行動に惑わされず、テレビやラジオ、インターネット、防災行政無線などの情報から判断し、率先して身を守る行動をとることが大切です。

社会・出来事

人びとはなぜメディアの情報に踊らされるのか？

KEYWORD

議題設定機能　利用可能性カスケード

花粉症に悩まされているNさんは「納豆が花粉症に効く」というテレビ番組の特集を見て、すぐにスーパーへとかけつけました。ところが、いつもはさまざまな納豆が並ぶ棚が空っぽ。他の店舗を回っても、まったく納豆がありません。メディアの影響力の大きさを感じました。

このようにある情報が強調されると、その情報に対する受け手の認知が高まることを**議題設定機能**といいます。

私たちはメディアにとり上げられない情報は知らないままか、知っている情報でも無関心になってしまいがちな一方、とり上げられることでよく考える機会を持つようになります。また、ニュースなどで日々繰り返し目にする事柄に対しては、世間からの注意や関心が高まった状態になり、さらにそうした関心が高まる様子をメディアにとり上げられることで、ますます多くの人びとが情報に踊らされるようになります。このような心理的な連鎖反応を、**利用可能性カスケード**と呼びます。

多くの人がメディアの情報に影響されてしまうことは、避けがたいでしょう。ある調査によると9割の人が、偏《かたよ》った報道に影響されているといわれています。報道側は視聴者の興味関心の高いものをとり上げるため、より議題設定機能を強めることにつながっていくのです。

ヒント！

メディアの影響力から逃れるのは容易ではありませんが、流れてきた情報とは違う情報を自分から調べたり、異なる可能性を考えたりしてみるのも1つでしょう。

犯人ではない人が自白してしまうのはなぜ?

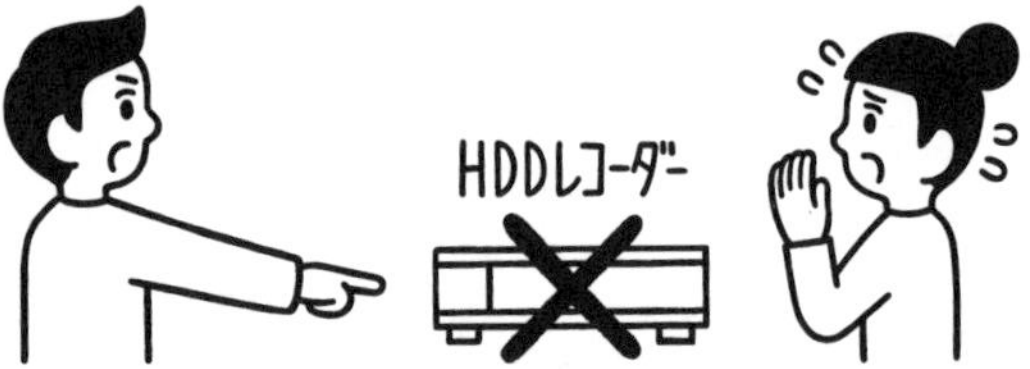

KEYWORD

強制-自己同化型

　ある日、Aさんの夫が楽しみにしていたテレビ番組の録画が消えていました。「何で消したの?」と怒る夫に、Aさんは「私じゃない!」と反論。しかし、夫に「録画データの整理をしていたのを見た」といわれ、Aさんも「もしかしたら自分が消したのかも」と思い、謝ってしまいました。

　このように「自分が犯人かもしれない」と自分を疑ってうその自白をしてしまうこと

を、**強制-自己同化型**といいます。イギリスの心理学者ギスリー・グッドジョンソンは、強制-自己同化型が起こるのは、記憶はあてにならないと納得させられ、証拠を見せられることによるとしています。人の記憶は事後の情報によって歪められますし、追い詰められて冷静さを失い、自分がやったのかもしれないと思ってしまうものなのです。また極端に情報が遮断されると、人は簡単に暗示にかかることもわかっています。例えば取り調べでそういう状況になった場合、犯人でないのに自白してしまうことも起こり得ます。

また、無実の人は、自分が刑罰を受けるとは思っておらず、真実は明らかにされると信じています。しかし、取り調べの苦痛から早く逃れたい一心で、とりあえずうそでも、今は自白して楽になりたいと思ってしまうことがあります。人は遠い先の結果よりも、目先のことを優先してしまうことがあるのです。

ヒント！

もし濡れ衣を着せられるようなことがあったときは、少し気まずく感じてしまうかもしれませんが、証拠や目撃者といった客観的な事実を共有してみましょう。

「被害者にも落ち度がある」となぜ思われてしまうのか？

KEYWORD
公正世界仮説　防衛帰属

Hさんは夜遅く、路上で見知らぬ男に抱きつかれるという痴漢の被害に遭いました。すぐに振り払ってどうにか逃げることができましたが、その被害を伝えると父親からも彼氏からも、「深夜に一人で出歩くからだ」「服装が派手だったんじゃないか」などといわれ、ますます傷ついてしまいました。

このように被害者側に原因があると考える思考について、アメリカの心理学者メルビン・J・ラーナーは、「人は世界が公正に成り立っていると信じたがっている」という**公正世界仮説**によるものと示しました。世界は公平で、よいことをしている人は幸せになり、悪いことをしている人は罰を受けるという考え方です。人は幼児期から公正世界仮説のバイアスを身につけているとわかっています。例えば、「バチがあたった」「神様が見ているから」という発想です。

また、**防衛帰属**が働いていることも考えられます。防衛帰属とは、自己防衛のために、誰かもしくは何かのせいにして不安を収めるものです。被害者が自分の立場と似ている場合は加害者の責任を重く考え、加害者と自分に類似性がある場合は被害者に責任を重く考える傾向があることがわかっています。つまり、父親や彼氏は「男性」という加害者との類似性があるため、Hさんの責任が重いと考えてしまったのかもしれません。

ヒント！

たとえ被害者側に何らかの落ち度があったとしても、被害を受けてよい理由にはなりません。加害者が誤っていることを論点にしましょう。

社会・出来事

ワクチンのリスクをどうとらえるのか？

KEYWORD

疑似科学論　バーダー・マインホフ現象　確証バイアス

Ａさんのママ友は自然療法主義で、子どもにもワクチン接種をさせていません。Ａさんはママ友の意識の高さや子どもを思う気持ちの強さは尊重しつつも、自分はワクチン接種を受けないと不安になるため、今年も親子ともどもワクチン接種を済ませました。

ワクチンを接種するかどうかの判断は、個人に委ねられているのでここで是非を論ずることではありません。ただし、気をつけなくてはいけないのは、極端な**疑似科学論**に左右されている場合です。疑似科学論とは、科学的根拠がないのに、科学的に実証されたように見せかけている詐欺的な理論です。

疑似科学論は衝撃的な情報であることが少なくないため、**バーダー・マインホフ現象**が起きやすくなります。バーダー・マインホフ現象とは、新しく得た情報や関心を抱いたものについて、無意識に注意が働き、やたらと見聞きするようになることです。そのため、「最近よく聞く」「流行っている」「多くの人がそう思っている」と頻度を錯覚しやすくなります。一度信じてしまうと、**確証バイアス**という自分に都合のよい情報ばかりを集めて、それ以外の情報は無視する行動につながってしまうので注意が必要です。

ヒント！

疑似科学論に惑わされないようにするためには国や自治体などの発表を吟味したり、かかりつけの医師に相談したりするなど、公共性や信頼性の高い情報をもとに考えてみるとよいでしょう。

なぜカルト宗教にはまってしまうのか

KEYWORD

洗脳　マインドコントロール　好意の返報性（返報性の原理）

虐待や恐怖による支配か さりげない操縦か

Rさんが、数年ぶりに地元の友人の家に遊びに行ったところ、本棚に特殊な宗教に関する本が並んでいました。その場ではそのことに触れることを躊躇《ちゅうちょ》してしまったのですが、新興宗教による霊感商法や洗脳疑惑などのニュースを見たこともあって、友人のことがとても心配になってしまいました。

社会・出来事

宗教の選択は個人の自由です。しかし、中にはカルト教団や、お金儲けをするために宗教を装っているだけの詐欺集団があるのは事実で、Rさんが友人を心配するのも無理はありません。そのような宗教に入信してしまう人がいるのは、**洗脳**や**マインドコントロール**によるものと考えられています。

洗脳とは、人の思想や信念を大きく変えることです。大声で怒鳴る、暴力をふるう、食事や睡眠をさせないなど、恐怖を与えることと生理的欲求を妨げることにより、新しい思想や信念を植えつけて支配するといわれています。

マインドコントロールとは、相手に気づかれないように思考や言動、価値観を思い通りに操ることです。理解者や味方であるふりをして、相手の悩みなどにつけ込み、信頼を獲得し依存させます。そして、不都合な情報を遮断するために社会と分断させ、都合のよい情報だけをふき込むことでコントロールできるようにするといわれています。

「気づかないうちに」というのが危険で、ハマってしまう確率を上げていると考えられています。

マインドコントロールに使われる8つの手順

入信のマインドコントロールに使われる手順は、主に次の8つです。

①接触：悩みや不安を抱える人に接触します。

②話を聞く：親切な態度で接し、傾聴することで好意を得ます。

③集会への誘い：**好意の返報性**（**返報性の原理**）を利用して、宗教団体の集まりに誘います。好意の返報性とは、人から好意を受けたら自分も何か返さなくてはいけないと感じることです。

④警戒させない：集会で歓迎し、初見では教義などは伝えません。

⑤教祖や幹部に会わせる：「特別に」などといって面会させ、悩みに対してインパクトのあるアドバイスをして、尊敬させます。

⑥入信を勧める：相手が宗教団体に好意的になったのを確認してから、勧誘します。しかも、相手が自分の意思で決断したように操作します。

⑦入信：教団の書物や物品を購入すると悩みが解決すると思い込ませます。

洗脳とマインドコントロール

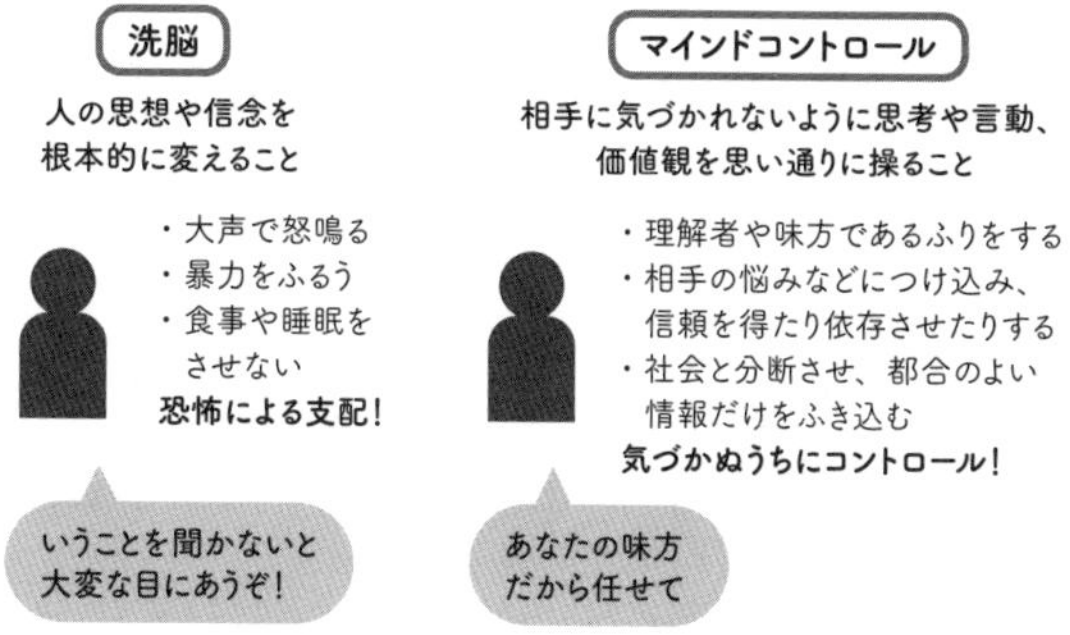
洗脳
人の思想や信念を
根本的に変えること
・大声で怒鳴る
・暴力をふるう
・食事や睡眠を
させない
恐怖による支配！
いうことを聞かないと
大変な目にあうぞ！
マインドコントロール
相手に気づかれないように思考や言動、
価値観を思い通りに操ること
・理解者や味方であるふりをする
・相手の悩みなどにつけ込み、
信頼を得たり依存させたりする
・社会と分断させ、都合のよい
情報だけをふき込む
気づかぬうちにコントロール！
あなたの味方
だから任せて

⑧服従：閉鎖的な環境で教義を教え込み、脱会するとよくないことが起きるなどと脅《おど》して脱会を防ぎます。

カルト宗教の幹部に理系や高学歴の人がいることが話題になったこともありました。理系の人たちは原則や法則を用いて、現象を説明したり難問を解決したりできることに喜びを感じます。そのため、世の中にあふれる説明や解決のできないことの原則や法則を、カルト宗教の教義に求めるのではないかと考えられます。加えて、高学歴や理系の人は組織の中の枢要《すうよう》なポストにつけられるため、より一層教義に染まってしまうのでしょう。

リスクのある民間療法をなぜ選んでしまうのか

KEYWORD

コントロール幻想

Aさんは、あるママ友が難病の息子のために高額の民間療法に手を出そうとしているという話を聞きました。我が子のために、ワラにもすがりたい気持ちはわかりますが、効果や費用のことなどとても心配になりました。

標準治療より民間療法を選ぶのは、治療に対するコントロール感がほしいと思うからだといわれています。現代はインフォームドコンセントやセカンドオピニオンなど、患者自身が主体的に治療方法を選ぶ時代になりました。そして、人は自分で選択することを好む心理的傾向があります。例えば「根治できるのは手術だけです」といわれても、複数の選択肢の中から自分で方法を選びたいと考えるのです。特に難病治療や手術は医療機関に身を任せ、命を預ける治療です。そのため、自分のことは自分で決めたい、さらに決められるという思いがより強くなり、民間療法を選ぶ人もいるのです。このように自分ではどうにもできないことについて、コントロールできると思い込む思考を、カナダの心理学者ハーバート・ジェンキンスらは**コントロール幻想**と提唱しました。

特に今までの人生において、物事を自分自身で決めてきた人ほど、これらのバイアスが働きがちです。また、ポジティブな人は、リスクを正確に判断する力が低いという研究結果もあります。

ヒント!

民間療法を否定するわけではありませんが、標準治療を完全に止めてしまうのは、リスクがあるということは十分に理解しておきましょう。

社会・出来事

なぜ振り込め詐欺にひっかかってしまうのか

KEYWORD

正常性バイアス　確証バイアス

Sさんの母親は自他ともに認めるしっかり者で、振り込め詐欺のニュースを見るたびに「何で信じてしまうのかしらね」と首をかしげていました。ところが、その母親が還付金詐欺の電話を受け、手続きの期限が迫っているからとだまされ、お金を振り込む寸前までいってしまったのです。

だまされた人は決まって、「まさか自分が被害に遭うとは……」といいます。このように自分は大丈夫と思って都合の悪い情報を無視したり、事態を過小評価したりしてしまうことを**正常性バイアス**といいます。正常なほう（つまり、自分がそうであってほしいと思っているほう）に考えが偏《かたよ》ることで、自分は大丈夫だと思い込んでしまうのです。

また、一度思い込むと、それが正しいと示す情報を無意識に集めてしまう**確証バイアス**によって、相手のいうことを信じてしまうと考えられます。

例えば、正常性バイアスによって「還付金の案内を見た気がする」「自分に詐欺の電話が来るはずがない」と考え、確証バイアスによって相手の言葉が正しい根拠を集めてしまい、還付金のはずなのに逆に振り込む形に仕向けられていても、疑うことなくいわれるがままに従ってしまうのです。

そして、だまされてしまう最大の要因は、不安や焦りでパニックを起こし、さらに時間的に切迫した状況にされると、合理的な判断ができなくなるからだと考えられています。年齢とともに認知能力も下がりやすくなるので、「自分は大丈夫」という思い込みにはくれぐれも注意しましょう。

「えっ、あの人が？」という人が犯罪に走るわけ

KEYWORD

ペルソナ

Nさんがテレビで「ある傷害事件の犯人が捕まった」というニュースを見ていると、なんと犯人はご近所の男性でした。清潔感があり、物腰のやわらかい好印象の人だと思っていたので、びっくりしてしまいました。

何かの事件が起きてその犯人が捕まると、ご近所や職場の人たちのインタビューから、「普段はまじめな人なので驚きました」「きちんとあいさつをするよい子だったのに」

などといった言葉が聞かれることがあります。また、警察官や教師など職業上は社会を守り、よい方向に導く立場にある人による犯罪も発生することがあります。いずれもどのような人であっても、内面にはさまざまなジレンマや葛藤を大なり小なり抱えていることの表れです。むしろ「まじめ」「よい人」といわれる人ほど、そうしたイメージの縛りによって、本当の自分を出せずにいるのかもしれません。

スイスの精神科医カール・ユングは、人は誰でも社会で生きるための表向きの人格と、それとは逆の内的心象（表向きの人格とは真逆の側面や、男性の場合は女性的な側面、女性の場合は男性的な側面）を持っていると述べています。この表向きの人格を**ペルソナ**といいます。ペルソナをかぶり続けることで、ストレスをため込み、ペルソナと本来の自分とのギャップがあまりに大きくなると、ストレスがふくれ上がって爆発し、犯罪に走ってしまうこともあると考えられています。

なぜ陰謀論が生まれるのか

KEYWORD

意図性バイアス

Nさんが学生時代の友人と久しぶりに会ってお茶をしたところ、友人が政治にまつわる陰謀論を語り出して返答に困ってしまいました。そして、彼女の考えを少し否定したらすっかり敵として扱われ、その後はギクシャクした関係になってしまいました。

陰謀論は、古くからあるものです。例えば、ユダヤ人が迫害の対象になったのも陰謀論によるものです。荒唐無稽と思える陰謀論を信じてしまうのは、**意図性バイアス**の影響が強いからだといわれています。意図性バイアスとは、結果から動機と行動をたどり、「誰かが意図的にそれを起こしたに違いない」と考える思考のことです。

また、陰謀論が広まりやすいのは、自分にとって都合のいい話があると、それを信じたいという思いが働くからという見方もあります。その話を信じることによって、「今、自分が受けている不遇や逆境の原因は、自分の言動や能力のせいではなく、他の誰かのせいなのだ」と考えられ、つらい気持ちを軽減できることがあります。さらには、自分の信念や行動を正当化することさえできるかもしれません。つまり、自分の心を守ることができるから、陰謀論にひかれてしまうという側面もあるのです。

ヒント！

真偽のわからない陰謀論にのめり込むと、カルト宗教などにだまされたり、自身の言動が過激化していったりといった危険が高まることも忘れないでください。

コラム
1

代表的な心理学の分野①

心理学は、心に影響を与える要因、心の作用による働きをブラックボックスと捉え、そのメカニズム、規定要因、そして反応としての行動などの要因を得ることの3つに大きく分けられます。代表的な分野として、下記のものがあります。これらの分野はそれぞれが独立したものではなく、いくつもの重なり合った部分を持ち合わせています。日本においては、社会心理学、教育心理学、臨床心理学、そして実験心理学の4つのカテゴリーに分類されています。本書ではそのうちの社会心理学を中心にして、学習心理学、認知心理学、パーソナリティ心理学、産業・組織心理学などの理論や研究を紹介しています。

社会心理学：社会生活における人の心の動きや行動、人間関係、コミュニケーションなどを研究します。何を着て、何を食べて、友人や同僚とどんな話をするかなど、起きてから寝るまでのあらゆることが対象になります。

学習心理学：人がどのようにして物事を学んでいくのかを明らかにします。古典的な研究として、食事の前に必ずベルの音を聞かされた犬が、ベルが鳴ると唾液を多く出すようになる実験「パブロフの犬」がよく知られています。

認知心理学：人の記憶、思考、言語、意思決定などの働きを明らかにしていきます。例えば、人は何かの物事を認識する際に、どのように情報を処理するかを見ていきます。

パーソナリティ心理学：遺伝や環境などが、人格にどのような影響を与えるのかを研究します。例えば、生まれながらにして持っている特性と生まれ育った環境の影響などです。

第2章

SNS・インターネットに関する心理学

なぜ「いいね！」がつくとうれしいのか

KEYWORD

承認欲求　社会的妥当性　心理的安全性　自己確証動機

Nさんは頻繁《ひんぱん》にSNSに投稿しては、反応を気にして何度もチェックしてしまいます。「いいね！」を多くもらった投稿は人気の理由を知りたくなり、逆になかなか「いいね！」がつかないと不安になります。

　このようにSNSで「いいね！」をもらう快楽には、中毒性があるといわれています。喜びを感じるのは、誰かに認められたい、注目されたいという**承認欲求**があるからです。

また、自分の考えや判断、行動が社会から認められるという**社会的妥当性**を得たい心理もあります。これらが満たされることで、自己肯定感が高まり、**心理的安全性**も保たれます。心理的安全性とは、アメリカの心理学者エイミー・エドモンドソンが提唱したもので、他者の反応や反論をおそれたり、羞《しゅう》恥心《ちしん》を感じたりすることなく、自然体で率直な言動のできる環境をいいます。

ただし注意が必要なのは、これらを得るために**自己確証動機**が働きやすくなることです。自己確証動機とは、自己概念（自分が自分に対して持っているイメージ）を他者との関係性の中で確認しようとすることです。そのため、自己評価と同じ評価を他者からもしてもらいたいというバイアスが強く働き、同調してくれる人のことしか受け入れられなくなってしまいます。

ヒント！

考え方を狭めないためには、自分と異なる意見に刺激を受けたり、新たな視点を学んだりすることも楽しんでみましょう。

なぜ人は情報を「シェア」したくなるのか

KEYWORD

所属欲求　社会的アイデンティティ

Ｎさんはインターネットやソーシャルメディアで、タメになる情報やおもしろい投稿を見つけるとすぐにシェアしています。友人がシェアしてくれる投稿も、いつも興味深いものばかり。特に仕事を始めてから、学生時代からの気の置けない仲間とＳＮＳ上で共感し合うことが、支えや刺激になっていると感じています。

　Ｎさんが仲間とのつながりに喜びを感じるのは、人は誰もが、誰かに受け入れられたい、つながっていたいという**所属欲求**を持っているからです。私たちは家族や学校、会社、友だちグループなど、何らかの集団に属しています。人は他者とのつながりがないと、物理的にも心理的にも生きていけないといわれます。誰とも関わりを持てず、孤独になると、落ち込みや意欲低下を引き起こしてしまうこともあるほどです。自分が属する集団には強い愛着や帰属意識を抱き、その集団の中で「自分はどのような存在なのか」を意識することができます。これを**社会的アイデンティティ**といいます。つまり、仲間に伝えたい、自分を表現したい、人間関係を維持したいという欲求がシェアにつながっていると考えられるのです。

また、人間には驚きや感動、幸せを他人と共有したいという心理的特性もあり、このこともシェアしたくなる理由であると説明できます。しかも、有益な情報をシェアしたことで感謝されたり、自分の印象や存在価値の向上につながったりした経験がある人は、何かの情報を入手したときにますますシェアしたいという欲求を抱くようになります。

バズるために無茶なことをする人が出てくるわけ

KEYWORD

自己顕示　自己効力感　セルフコンパッション

Rさんのアルバイト先でいわゆる「客テロ」と呼ばれる迷惑行為をアップしたSNSの投稿があり、その日は店を閉めて対応に追われることになりました。Rさんはアルバイト仲間たちと、「そんな投稿までして注目されたいなんて、理解できない！」と愚痴をいい合いながら作業をしました。

何か過激なことをしてまで周囲から注目を集めたいと思う人たちは、**自己顕示**の欲求が強いといえます。そして、この自己顕示欲の裏側には、**自己効力感**の低さがあると考えられています。自己効力感とは、カナダの心理学者アルバート・バンデューラが提唱した理論で、自分に対する信頼感や有能感のことです。普段の生活のままでは自己効力感が低いため、リスクをとってまで注目を集め、自分の存在価値を確かめようとしていると考えられるのです。

また、自分を大切にする**セルフコンパッション**が苦手な人は、注目を集めることで心の平穏を得ようとしがちであると考えられます。アメリカの心理学者クリスティン・ネフによると、セルフコンパッションができていると、困難な状況やストレス下でも、前向きに乗り越える力を持つことができるとされます。そして、多くの人から「承認」されてバズると、高い快楽が得られることが脳科学的にも解明されています。そのため、セルフコンパッションが苦手な人の中には、無意識的に自信のなさやむなしさを解消し、自分の力を示す手段として、無茶なことをしてでも他者からの反応を求めてしまう人もいるのだといえるでしょう。

SNS・ネット

なぜSNSでの炎上が激化するのだろう？

KEYWORD

匿名性　没個性化　集団極性化　社会的妥当性

匿名の状況下では人は残酷になりやすい

Rさんのアルバイト先で起きた「客テロ」の投稿はその後ＳＮＳで大炎上し、投稿者の名前や学校名を特定する人まで現れました。

インターネット上のコメント欄に、批判や誹謗《ひぼう》中傷の投稿が集中する状態のことを炎上といいます。また、悪意を持って相手を攻撃する書き込みを行い、相手を激昂させることをフレーミングといいます。さらには、送信者と受信者の間で論争や非難合戦に発展した状態をフレーム（炎）といいます。炎上は特に法律や規則の遵守《じゅんしゅ》があたり前とされる社会的地位の高い人、有名人、企業や団体、自治体の不祥事などがターゲットにされやすく、SNSなどを通じて拡散され、あっという間に大炎上となりがちです。また、Rさんのアルバイト先であったように一般の人がちょっとしたお遊びや悪ふざけで投稿した言動が、非常識な行為として世間の人びとの目に触れて炎上することも少なくありません。

批判や誹謗中傷が過激化する原因の1つとして**匿名性**が考えられます。アメリカの心理学者フィリップ・G・ジンバルドーの実験によると、加害者が誰なのかわからない状況下では、人は残酷になることが証明されています。

しかも、集団の中で個人が特定されない**没個性化**の状況ではかなり攻撃的になり、特に気に入らない相手には容赦しなくなることがわかりました。何をしても自分がやったことだとわからないと思うと、罪悪感が薄れて普段はやらないようなことも平気でできてしまうのです。

SNS炎上が発生する心理的要因

匿名性

加害者が特定されない状況では、人は残酷になる

没個性化

集団の中で個人が特定されない状況では、人は攻撃的になる

集団極性化

集団内での意思決定は、極端な方向に強くふれやすい傾向がある

社会的妥当性

多数の人と同じ意見を持つことで、自分の意見が正しいと感じやすくなる

強く歪んだ意見で一致団結する心理

もう1つの理由は、おもしろ半分で便乗する人が集まり、さらに拡散させることです。ストレスのはけ口かのように、ここぞとばかりに批判を繰り返し、ときには人格否定や差別的な表現、わいせつな言葉、一線を越えた暴言などが書き込まれることもあります。

さらに**集団極性化**も大きな要因です。これは集団内にいるとき、意思決定が極端な方向に強くふれやすくなる現象です。SNSで炎上が起きると、殺到するコメントの中から自分と同じ意見や感想を持つ人を見つけやすくなります。それによりコメント欄がコミュニ

ティー化し、集団極性化によって意見が過激な方向に流れやすくなるのです。この流れによって「自分たち」と違う考えや反論を排除する傾向が強まり、強く歪んだ意見で一致団結するようになります。

集団になることで、**社会的妥当性**の影響も生じる考えられます。多数の人と同じ意見を持つことで、自分の意見が社会から支持されているもの、妥当なものだと思うようになり、躊躇《ちゅうちょ》なく批判をしていくようになるのです。

また、批判や非難のコメントをする人は、法律やマナーを守るべきであるという「正義」の主張をしていると思っています。迷惑行為の投稿者は批判されて当然のことをしたのだから自業自得だと考え、自分のコメントを正当化し、誹謗《ひぼう》中傷という行為を行うのです。先に述べた匿名性が、この暴走に拍車をかけているともいえるでしょう。

しかし、正義のためなら相手を傷つけていいということにはなりません。リツイートやシェアをするだけでも、炎上やネットリンチに加わっていることになるので注意が必要です。

SNS・ネット

芸能人の不倫などに怒りを感じるのはなぜ？

KEYWORD

行為者-観察者バイアス **投影同一視**

Nさんは好きな俳優が不倫をしたニュースを見て、ショックを受けました。自分も学生時代に軽い気持ちで浮気をしたことがありましたが、「既婚者の有名人が不倫するなんて最低！」と幻滅。嫌悪感が収まらず、SNSなどを読みあさっているうちに自分と同じ意見がたくさん書き込まれていることがわかり、自らも批判を投稿せずにはいられなくなりました。

このように他人に厳しくな

るのは、**行為者‐観察者バイアス**によるものと考えられます。自分が行為者のときは、行動の原因を状況や環境などの外的な要因に求める傾向があり、観察者として他者の行動を見るときはその原因をその人の性格や考え方など、内的な要因に求める傾向があるということです。例えば、自分が浮気や不倫をした場合は、「彼氏と遠距離恋愛なのでさみしかったから」など状況や環境のせいにする一方で、他者がした場合は「だらしないから」「不誠実だから」「ファンの期待を裏切るような人間だったから」など、相手の性格や考え方が原因だととらえて、その人の人間性に嫌悪感や怒りを感じるのです。

また、当事者ではないのにもかかわらず強い怒りを感じるのは、**投影同一視**によるものと考えることができます。投影同一視とは、自分の中にある好ましくない面（思考や行動など）を他者に投影し、自分の認めたくない部分と直面することを回避しようとすることです。それにより他者を「悪者」にし、批判や攻撃をします。つまりNさんの嫌悪感は、過去に浮気をした自分に向けられたものだったと解釈することもできるのです。

根拠のないうわさやデマを信じてしまう理由

KEYWORD

R〜i×a　確証バイアス　バックファイア効果　スリーパー効果

あいまいで怖いうわさほど広まりやすい

Rさんの住んでいる地域で、大地震が起きました。幸いRさんの家は難を逃れましたが、場所によっては被害が大きいようです。SNSをチェックすると、「近くの動物園からライオンが逃げた」という情報を発見。慌てて、大学やアルバイトの仲間に情報をシェアしました。

冷静に考えれば、「何を根

拠に？」と思えるようなデマであっても、災害などの緊急時には広がりやすいことがわかっています。アメリカの心理学者ゴードン・オールポートは、うわさの基本法則**R～i×a**（～は比例を表す記号）を提唱しました。うわさの広まりやすさをRとし、Rはうわさの重大さ・iとうわさのあいまいさaをかけ合わせたものに比例するという法則です。

また、うわさの広まりやすさには、〝不安〟という要因も影響します。アメリカの心理学者チャールズ・ウォーカーとブルース・ブレーンの実験によると、不安や恐怖を感じるうわさ話は、願望を反映させた自分たちに好都合なうわさ話より広まりやすいことがわかっています。そのため、災害などの緊急時にデマが広がりやすいのです。

不安や恐怖を感じるときにうわさが広がりやすいのは、情報を得て安心したいという心理が人びとの間にあるからです。しかし、得た情報（うわさ）によって不安を感じた場合、自分以外の人たちが何も知らずに不安を感じていないこと自体も、自分にとっての不安要素になります。そのため、「情報

SNS・ネット

うわさの基本法則「R〜i×a」の方程式

比例を表す記号

$$R \sim i \times a$$

R：**うわさの広まりやすさ**
i：うわさの重大さ
a：うわさのあいまいさ

重大でインパクトが強いうえ、根拠があいまいなうわさほど広まりやすいことを表している。

を共有しないと！」という意識が働いてうわさを広めてしまうのです。つまり、あいまいで怖いうわさほど、広まりやすいといえます。

不安な気持ちと現状のギャップを嫌う心理がある

無意識のうちに自分の持つ情報と同じ情報ばかりを集める**確証バイアス**が働くことも、根拠のないうわさが信じられて広まる理由の1つです。「これだけ目にするということは正しい情報なのだ！」と錯覚してしまうのです。特に主な情報源がインターネットの人は注意が必要です。一度検索すると、その検索ワードや閲覧結果に関連した情報が、その後も自動的に表示さ

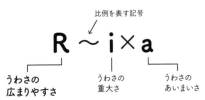

れやすくなり、確証バイアスが助長されるからです。SNSも自分の興味関心にそった情報が流れてくるため、同じ情報や同じ思考の人の投稿ばかりを目にすることになります。ますます疑いなく、確信しやすくなるのです。そして、これが続くと信念が固定されてしまい、たとえその後、否定する情報や意見を見聞きしても受け入れられず、それどころか自分と違う意見に対する反発心が生まれて、かえって信念を強めてしまう**バックファイア効果**が生じます。

アメリカの心理学者カール・ホブランドが提唱した**スリーパー効果**によると、時間の経過とともに情報源の信憑性《しんぴょうせい》を忘れてしまい、情報の内容だけが記憶に残る傾向があります。そのため、信憑性が低いうわさでも信じてしまうようになるのです。

ヒント！

不安をあおる、急がせる、命や金銭に関わる、伝聞形式、拡散を勧めている、情報源が記載されていないなどといった情報はデマかもしれないと疑いましょう。

対面よりSNSのほうが他者と親密になれる?

KEYWORD

自己呈示　自己開示　ストレンジャー・オン・ザ・トレイン現象

Nさんは、ＳＮＳで知り合った顔を知らない相手と意気投合しました。恋愛や家族、趣味の話題など不思議なほど話しやすく、今まで学校や職場の仲間とは話したことがないようなことまで話せる仲になりました。

このようにメールやＳＮＳなど、顔が見えない相手とのほうが本音を話しやすいと感じたことがある人は少なくないでしょう。

まず、顔も素性も知ってい

る相手とメールやSNSでやりとりをする場合、対面のときのように外見や仕草などの非言語的情報にまどわされることがないので、言葉や感情、考えといった内面的なものに意識を集中できます。そのため、気楽に話せて、本音を打ち明けやすいという研究結果が出ています。さらには、自己の印象をコントロールする**自己呈示**もしやすくなります。

一方、顔もどこの誰かも知らない相手の場合、実生活で関わることがありません。そのため、相手からどう思われるかという不安が減り、自分をさらけ出しやすくなると考えられています。このように、自分のことを他者に伝えること、さらけ出すことを**自己開示**といいます。

アメリカの心理学者ジック・ルービンは、知らない相手や二度と会わない相手ほど個人情報を開示しやすいことを**ストレンジャー・オン・ザ・トレイン現象**と提唱しました。「見知らぬ乗客」という意味で、話した内容が身近な人に伝わる心配がないと話しやすいのです。

SNS・ネット

「隣の芝は青い」と感じるのはなぜ?

KEYWORD

相対的剥奪

Aさんの学生時代の友人は素敵な自宅での家族との様子や、プロのように見事な手料理の写真をよくSNSにアップしています。Aさんはそうした投稿を見るたびに、自分の地味で平凡な生活と比べてねたましく思う感情が生まれるようになりました。

「隣の芝は青い」ということわざがあるように、古くから人は他人が持っているもののほうが、自分の持っているものよりもよく思えてしまい、自分の持っているものの悪い面ばかり気になってしまうということがあります。特にSNSでは、キラキラとした幸せにあふれた写真や出来事が多く投稿される傾向にあります。そのため、実際にはあるはずのその人なりの苦労などは見えにくく、自分の現実との差が大きく感じられるのです。特に自分が落ち込んでいるときや、疲れているときはなおさらでしょう。

このように他人と比べて自分が損している、劣っていると感じて不満を抱くことを、イギリスの心理学者ウォルター・G・ランシマンは**相対的剝奪**と定義しています。ランシマンによると、どんなときにでも相対的剝奪を感じるのではなく、自分と同じくらいのレベルや、環境にあると思える相手のとき、「自分も手に入れることができるはずなのに、手に入っていない」と思うときに感じてしまうとされています。

ヒント！

オーストリアの心理学者アドラーによると、他者と自分との比較は際限のない苦悩を引き起こしますが、今の自分と理想の自分との比較は成長につながるとされます。

SNS・ネット

「リア充アピール」をしたくなる人の心理

KEYWORD

承認欲求　潜在的自尊心　ナルシスト

Nさんの友人は、連日SNSに高価な服やバッグの写真、たくさんの友人たちと遊んでいる写真などを投稿しています。「昔はそんなふうにリア充アピールをする子じゃなかったのに……」と、Nさんは友人が変わってしまった様子にさびしさを感じました。

SNSなどで、プライベートが充実していることを過剰にアピールするのは、他者からの反応（他者評価）で自分は幸せなのだと確信したいという強い**承認欲求**と、**潜在的自尊心**の低さの表れだと考えられます。Nさんの友人は、自分の存在価値を他者からの評価に委ねている状態なのかもしれません。潜在的自尊心とは、意図せず持っている自分に対する肯定的な感情のことです。潜在的自尊心が低いと、不安を感じやすく落ち込みやすいため、打ち消そうと虚勢を張りやすくなります。

また、**ナルシスト**ゆえに自己顕示欲が強い人もいます。イギリスのエセックス大学などの研究によると、ナルシストには尊大型と脆弱《ぜいじゃく》型の2種類があるといいます。どちらも自己中心的で、「自分は特別な扱いを受ける資格がある」と思っているところは同じです。ただし、尊大型が自尊心と自信の表れとして自己顕示するのに対し、脆弱型は自分は他者より優れていると思っているものの、実は繊細で他者からの批判を恐れているので、承認欲求が満たされることを求めて自己顕示する傾向があります。

用がなくてもスマホを見てしまうのはなぜ？

KEYWORD

富めるものはさらに富む仮説　社会的補償仮説

Nさんは移動中でも仕事中でも友人といるときでも、数分おきにスマホを見てしまいます。何もメッセージが来ていないときは残念に思い、いろいろ来ているときは「返信が大変！」と焦ったり。また、大して気になっていないネット記事をボーッと読みあさることもしばしばです。

このように頻繁《ひんぱん》にスマホを見てしまう人は、個人の性格の特性によって2つの理由が考えられます。

まず、社交的で交友関係が豊かな人の場合、インターネットやSNSを利用することで人間関係や知識、精神的健康をもっと充実させられると思っています。この思考を、**富めるものはさらに富む仮説**といいます。

一方、人付き合いが苦手だったり、さみしがり屋で仲間はずれにされるのが怖かったりする人の場合、現実世界ではうまくいかなくてもインターネットやSNSでのつながりで人間関係を築けると感じているため、スマホに頼りがちになると考えられます。この思考を、**社会的補償仮説**といいます。

ただし、SNSなどでのやりとりは即時性が高い分、相手からの反応が遅れると逆に孤独感が増してしまう側面もあります。また、スマホ依存症になって心身の健康や日常生活に支障をきたしてしまうこともあります。


ヒント！

スマホ依存が気になる人は、「起床後・就寝前2時間は見ない」「仕事中・勉強中・食事中は触らない」など、スマホから離れる工夫をしてみるのもいいでしょう。

コラム 2

代表的な心理学の分野②

心理学の代表的な分野として、52ページに挙げたものの他にも、以下のようなものがあります。

産業・組織心理学：組織と人、人と消費など、産業や組織活動全般を対象に研究します。例えば、モチベーションやチームワーク、採用・人事評価、ヒューマンエラー、購買行動、広告効果などが研究対象です。

知覚心理学：聴覚・視覚・味覚・嗅覚・触覚などのしくみを研究します。例えば、トリックアートにみられるような錯視や、手触りなどが研究の領域です。

生理心理学：身体の活動と心理の関係性から心理的過程を解明し、研究します。例えば、心拍数や呼吸、脳波や血流量などを測定して、人の心理状態を客観的に分析します。

教育心理学：学校や文化、社会などにおける教育の場面で発生する出来事や成長過程を心理学的に解明します。教育の質を高め、成長や学習をサポートすることを目的としています。

発達心理学：赤ちゃんから老人まで、すべての時期での発達過程が研究の対象です。心と体の成長の関係性に着目して、心が抱える問題を客観視し、研究します。

臨床心理学：科学、理論、実践を統合して、心の問題を解決したり改善したりする支援とそのための方法を研究します。例えば、心理検査などを用いた診断、カウンセリング、心理療法などを用います。

第3章

趣味・カルチャーに関する心理学

コスプレで得られる心理的効果とは

KEYWORD

変身願望　自己拡大　防衛機制（同一化）

Nさんが休日に公園へ行くと、コスプレイヤーの一団がカメラマンを従えて撮影会をしていました。Nさんの知っているアニメキャラクターのコスプレをする人もいてテンションが上がる一方で、自分は恥ずかしくて人前であのような格好はできないだろうな、と思いました。

コスプレをする趣味に限らず、人は「普段の自分とは違う自分になりたい」という**変身願望**があります。変身することで、**自己拡大**ができるからです。自己拡大とは、今まで自分では実現できていない部分を広げたいと思う欲求のことです。例えば、普段は人見知りで内気な人が、コスプレをすることで社交的になることもあるようです。変身することで自己拡大ができ、自己肯定感が上がることがあるのです。

また、好きなキャラクターに**同一化**するためにコスプレする人もいます。心理学用語での同一化は、**防衛機制**の1つと考えられています。受け入れがたい状況や不安、苦痛、コンプレックスなどがある場合に、そこから逃れるためにあこがれている他者に自分を重ね合わせて、自己評価を高めようとするものです。

ヒント!

ハロウィンなどのイベントで好きなキャラクターのコスプレをすると、自己拡大を体感でき、新しい自分を発見できるかもしれませんね。

スポーツの世界大会に熱狂するのはなぜ?

KEYWORD

社会的アイデンティティ　栄光浴

Rさんは音楽が大好きで毎年フェスに行きますが、一方でスポーツにはあまり興味がありません。しかし、サッカーの日本代表が国際大会で勝ち進むと、せっかくだから観てみるかと友人たちと誘い合わせ、スポーツバーで観戦することにしました。するとしだいに応援に熱が入り、選手たちの激闘ぶりを観て日本人であることを誇らしく感じ、すっかり夢中になっていました。

Rさんのように、国際大会が開催されると一時的なファンが激増します。これは、人びとが**社会的アイデンティティ**を意識するためだと考えられます。イギリスで活動した心理学者ヘンリー・タジフェルとイギリスの心理学者ジョン・C・ターナーが提唱した理論で、性別や国籍、出身地、居住地、出身校、会社などのカテゴリーでとらえた自己認識のことです。

そして、自国のチームを応援する気持ちに自然と熱が入るのは、次のような理由からです。自分が所属する集団（内集団）が勝ったり、優れた成績を収めたりすることは、自分と同じカテゴリーに入っている人や集団が優れていることを意味します。すると、同じカテゴリーの自分も優れた存在であると思えるのです。優れた他者や集団を自分と同じ存在と見なすと、自分も優れているように感じられます。この心理現象を**栄光浴**といいます。素晴らしい成績を収めている自国のスポーツ選手やチームを持ち上げるのは、自分が偉くなったように感じられ、気分がよくなるからなのです。

趣味・カルチャー

ネイルケアをすると気分が上がるのはなぜ？

KEYWORD

自己肯定感

Nさんは月に1回、学生時代の友人が勤めるネイルサロンに通っています。担当してくれる友人とのおしゃべりが楽しいうえに、ネイルをすると元気が出て、女子力が上がるのを感じ、自信もわくので、どんなに忙しいときでもサロン通いは欠かせません。

メイクアップ化粧品は、他者から見た自分を変える対他的なもの。一方、基礎化粧品は自分を癒《いや》す対自的なもの、と考えられています。

ネイルケアは対他的のように見えて、実は対自的な意味が大きいものです。なぜなら、自分の化粧は鏡を見ないと確認できませんが、ネイルはいつでも自分の目で見ることができるので、ネイルケアを施した自分の爪を見てほっとしたり、瞬時に気持ちを切り替えられたりします。態度や所作が変わることもあるほどプラスに働きます。つまり、**自己肯定感**の向上がもたらされるのです。

また、自分で行うセルフネイルに比べてサロンネイルのほうが気分を高める効果、リラックスを得られる効果が高いというデータがあります。これはスタッフとの軽い会話が、気分転換の作用をもたらすからと考えられます。

昨今では、男性でも身だしなみやオシャレとしてネイルを整える人が増えています。それにより気持ちが整ったり、対人行動が丁寧になったりする効用を男性も感じているようです。

趣味・カルチャー

オシャレを楽しむとなぜ気持ちが満たされるの？

KEYWORD

自己呈示　アイデンティティ

Aさんはパートの給料が入ると、頑張っている自分へのご褒美として服や靴、アクセサリーなどを何か1つ買うと決めています。新しいものを身につけても夫や息子は気づいてはくれませんが、オシャレをすると気分が上がるのを感じて、「よし、また頑張ろう！」と思えます。

古くから多くの心理学者は服飾には、**自己呈示**の意味があると述べています。自己呈示とは、一般に自分の望ましい姿を他者に示そうとすることです。その理由としては、自分が何者であるかを示すため、異性の気をひくため、性的魅力を上げるため、地位・権力・財力などを誇示するため、**アイデンティティ**を明示するため、価値観を表現するためなどが挙げられます。

他者に自分の望ましい姿を見せることで、自分に自信が持てるようになることがあります。望ましい自分になれることで、満足感や達成感を得ることにもつながるでしょう。また、ブランド品を身につける場合には、ブランド品が持つ付加価値（↓300ページ）によって安心を感じたり、心が満たされたりします。このようにオシャレを楽しむことで、対他的、対自的という2つの側面から自分の気持ちが満たされていくのです。

ヒント！

英気を養いたい、モチベーションを上げたいというときにはオシャレを楽しむのも手です。新しい服や靴を買って、身につけるだけでもきっと効果があるでしょう。

なぜ人気者には
アンチが生まれるのだろう

KEYWORD

自己顕示　優越コンプレックス

Rさんは、ある人気アーティストのアンチだと友人たちに公言しています。Rさんは音楽にこだわりがあると自負しているので、そのアーティストが評価できない点を友人たちにこと細かに説いていてちょっと面倒くさがられています。

アンチを公言するのは、「多くの人がいいといっているけれど、実はそんなにたいしたことはないよ」ということで、自分には審美眼がある、知識があると示すことができるからだと考えられます。そのようにして自分が優れた存在だとアピールしたいという**自己顕示**が働いているのです。Rさんは自分の音楽へのこだわりを友人たちに示すことによって、自分が優れた存在だとアピールしたいのです。自己顕示欲の強い人は自慢話やマウンティングが多い、目立ちたがりという特徴があります。

また、自分の考えや意見を他者に認めてもらいたい、共感されたいという承認欲求を満たすために、アンチを公言する人もいます。

一方、**優越コンプレックス**により、アンチの言動をしていると考えることもできます。オーストリアの心理学者アルフレッド・アドラーが提唱した理論で、自分の劣等感に抗《あらが》うために、自分を実際の姿以上に優れた人間に見せようと見栄を張ることです。アンチは人気者や成功者を批判することで、己の劣等感に抗っている言動といえるかもしれません。

コレクションすることに夢中になってしまう心理

KEYWORD

ツァイガルニック効果　サンクコスト効果

Sさんには、帽子をコレクションする趣味があります。海外旅行先でヴィンテージキャップを買ったことがきっかけで帽子の収集にハマり、これまでに200個以上購入しました。収納するにも飾るにも場所をとるうえ、きりがないし、お金もかかるとわかっているのですが、やめられません。

Sさんのように何かをコレクションする人は、**ツァイガルニック効果**が働いていると考えられます。ロシアの心理学者ブルーマ・ツァイガルニックが提唱したもので、人は完成しているものより、未完成のもののほうに興味を抱きやすいというものです。だから、コレクションをし始めると、自分がまだ持っていないものや新しいものを見つけるたびに次々に買いたくなってしまうのです。

また、コレクションすることをやめられないのは、**サンクコスト効果**によるものとも考えられます。イスラエルの心理学者エイモス・トベルスキーとダニエル・カーネマンが提唱した認知バイアスの概念をもとに、アメリカの行動経済学者リチャード・セイラーが提唱した効果です。これまで費やしたお金や労力を無駄にしたくない、もったいないと思って、やめる決心がつかずにさらにコストをかけてしまうことをいいます。

ヒント！

ものをため込むことをホーディングといいます。優柔不断、頑固、不安症、ものに強い意味づけや過剰な愛情を持つ人が陥りやすいとされています。

趣味・カルチャー

映画鑑賞などに没頭するとなぜリフレッシュできる？

KEYWORD

マインドフルネス　防衛機制（逃避）

Sさんは仕事で大きなプロジェクトを任されました。やりがいを感じているもののストレスも多く、心身ともに疲れ気味でしたが、休日にたまたまテレビで観た映画に没頭したところ、とてもリフレッシュできました。

リフレッシュできた理由として、アメリカの心理学者ジョン・カバット・ジンが提唱した**マインドフルネス**の状態になったためということが考えられます。マインドフルネスとは、見る、聞く、かぐ、食べる、触れる、体験するなど、「今この瞬間」だけに意識を集中して何の判断も加えずに物事を味わうことです。心が安定し、幸福感が増すとされています。集中力や寛容さ、記憶力を向上させ、ポジティブ思考になるなどの効果も報告されており、欧米では学校や企業でマインドフルネスの練習がとり入れられているところもあります。

また、**防衛機制**の1つである**逃避**により、心の安定が保たれたからだとも考えられます。防衛機制とはオーストリアの心理学者ジークムント・フロイトが提唱した概念で、ストレスや不安、劣等感、罪悪感などの不快な感情を弱めたり避けたりして心を守ることです。防衛機制の1つである逃避はまったく関係のない行動に没頭することで不快な感情を解消したり、空想の世界へ逃げて満足感を得たりすることをいいます。

ヒント！

食事をするときにはテレビやスマホを見ながら食べたりせず、味や香りをしっかりと感じながら食べるだけでもマインドフルネスになるようです。

趣味・カルチャー

なぜ「推し」がいると頑張れるのか

KEYWORD

防衛機制（逃避）　防衛機制（代償）　アイデンティティ

Nさんは現実の恋愛には積極的になれずにいる一方、熱心に「推《お》し活《かつ》」をしている男性アイドルがいます。一日に何度も彼のSNSをチェックし、ファン同士で交流して楽しんでいます。

アイドルやアニメ・ゲームのキャラクターに夢中になるのは、趣味の一種です。スポーツや料理など趣味に没頭すると楽しい気持ちがわき、元気が出るのと同じように、「推し」がいることで前項で述べた**防衛機制**の**逃避**になり、幸福感を得ることができます。

また、疑似恋愛の気持ちで推しにのめり込んでいる場合は、現実の恋愛の**代償**としていると考えられます。代償も防衛機制の1つで、抑圧されている欲求を他の欲求に置き換えてストレスを軽減しようとすることです。自分の空想の世界の中だけであれば、アイドルやキャラクターから拒否されたり傷つけられたりすることはないため、理想的な恋愛対象になるのです。現実の問題から離れて空想することは、心の健康によい影響をもたらすことがわかっています。ただし、疑似恋愛にはまりすぎると、現実の恋愛で理想が高くなりすぎてしまったり、相手とのやりとりが面倒に感じたりするおそれもあるので注意が必要です。

他方で、推し活は「〇〇が好きな自分」という**アイデンティティ**をつくることにもつながります。そして、同じ「〇〇が好きな人」との交流が生まれ、他者との新たな絆を築くことにつながり、そうした絆から幸福感がもたらされることで、頑張れるようになると考えられます。

流行に乗る人と逆らう人は実は同じ？

KEYWORD

独自性　同調

Aさんはファッション誌やSNSを熱心にチェックし、流行に合わせたファッションを楽しんでいます。特に流行のブランドのバッグは最新作が出ると、自分へのご褒美としてつい買ってしまいます。夫には「バッグを何個持っているの？　お店ができるよ」と揶揄《やゆ》されるほど。

Aさんのように流行に敏感ですぐにとり入れたくなる人と、まったく流行を気にしない人・流行に逆らう人がいます。正反対のように見えますが、実は共通した心理が働いています。それは自分らしさを求めること、つまり**独自性**です。流行を追う人は周りの人よりも流行を先どりすることで、「最新情報への感度が高く、意識の高い自分」という個性を出したいと思っています。一方、流行を気にしない人・逆らう人は、「流行には左右されない自分」「周りの人と同じにはならない自分」という個性をつくろうとしています。

また、流行を気にしていなかった人が、周りの影響で流行に乗るようになるのは**同調**が働いた結果と考えられます。アメリカで活動した心理学者ソロモン・アッシュの実験によると、明らかに間違っている意見であっても、周りの人が賛同した場合、同調しやすくなることがわかっています。

同調が起こる理由として、多数派の意見は正しいと思い込みやすい情報的影響と、周りの人に認められたい欲求である規範的影響があると考えられています。同調を加速させる要因には集団の大きさ、多数派の全員一致、集団のまとまりの度合いや帰属意識の高さなどがあると考えられています。

「体験を買う商品」は高くても買ってしまう

KEYWORD

モノ消費・コト消費　消費のパラドックス　希少性の原理（法則）　心理的財布

幸福感の大きさは モノ消費＜コト消費

Nさんは財布が傷んできたので新しいものを買いたいと思っていましたが、ほしい財布は高価で何週間も迷っていました。そんな中、偶然SNSで見て心を奪われたイルカと触れ合うツアーには、すぐに申し込みました。ほぼ同じ価格なのに、決断の早さがまったく違ったのです。

アメリカの心理学者トーマ

ス・ギロヴィッチによると、人が**モノ消費**よりも**コト消費**にお金を使いがちなのは、モノを得るよりもコトを体験するほうが得られる幸福感が大きいからとされています。同額の「商品を買った人」と「経験を買った人」の幸福感を調査したところ、はじめはほぼ同じ幸福感だったのが、しばらくすると「商品を買った人」の幸福感は下がり、「経験を買った人」の幸福感は上がっていたのです。これは人間の適応能力によるものと考えられています。

新しいものを買ったときはうれしくて幸せな気持ちになりますが、しばらくするとあたり前の存在になって適応していき、しだいに自分の中での価値が薄れて、また新しいものがほしくなります。これを**消費のパラドックス**といいます。一方、体験は思い出として長く心に残り、経験値として積み重ねられ、視野や世界を広げて自分を高めてくれます。

つまり、より長く幸福感をもたらしてくれるのは、モノ消費よりも旅行やアウトドアなどの体験を買うコト消費なのです。

「この機会を逃すと…」という心理が働く

また、仮に普段は数円単位でしっかりと節約していても、旅行先でのオプションツアーやおみやげなどにお金を使うことに対しては、ハードルが下がってしまう人も少なくないでしょう。これはいつでも手に入るものよりも、手に入りにくいものに高い価値を感じる**希少性の原理（法則）**が働いているからです。ご当地限定品だったり、自宅から遠い旅先での買い物だったりする場合、「この機会を逃すともう手に入らない！」という心理が働いて購買につながりやすくなるのです。

体験型ツアーやマリンアクティビティ、モノづくり体験、レッスンを受けるなどのオプションツアーの人気が高いのは、「ここでしかできない！」という希少性の原理（法則）と、経験を買うコト消費に価値を感じることの相乗効果が働いていると考えることができます。

あるいは、対比効果が生じているともいえます。例えば、普段のスーパー

心理的財布

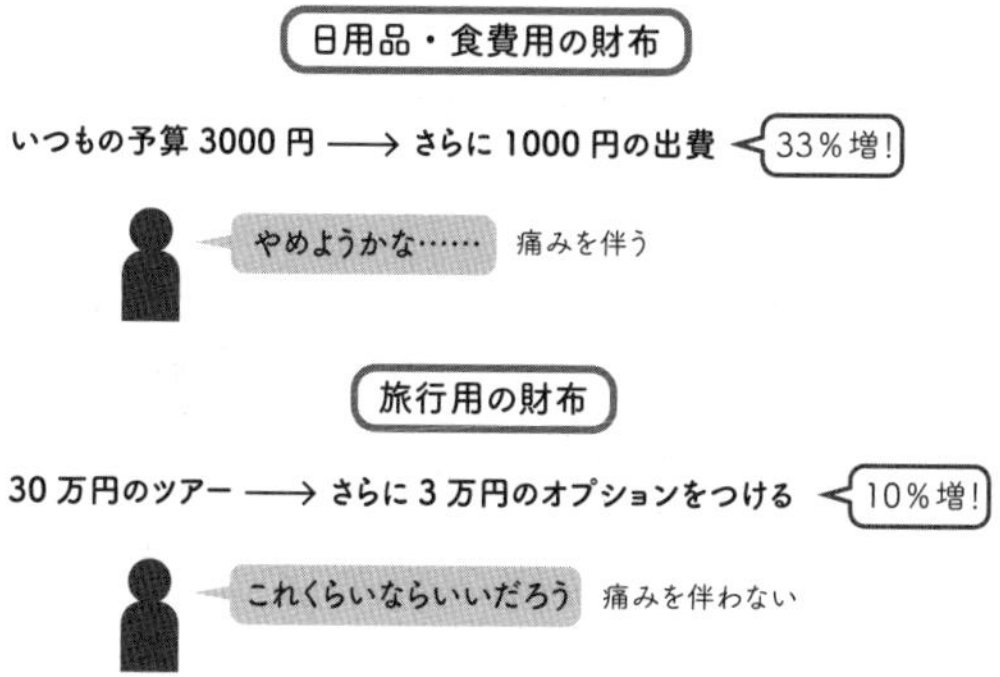

での買いものの予算を３０００円程度としている人が、ほしいものを買うためにはさらに１０００円の出費が必要となった場合、33％の増加になるので、かなり増えたと感じて購入をあきらめることもあるでしょう。一方、30万円のパッケージツアーで、３万円のオプションをつけた場合、10％の増加なので、「これくらいならたいしたことはない」と感じられるかもしれません。

このようにお金を支払う状況や比較する金額などによって、まるでいくつかの財布を持っているように金銭感覚が異なることを**心理的財布**といいます。

心の健康を回復させる
メンタルヘルスツーリズム

KEYWORD

メンタルヘルスツーリズム　逃避欲求　新奇性欲求

非日常の体験がストレスを軽減させる

　Aさんは家族と自分の両親と一緒に、軽井沢旅行に来ています。息子は「勉強しなくていいー！」とのびのび。両親は久しぶりに孫に会えてうれしそう。夫はリラックスしていて、穏やかです。Aさんも仕事や家事から解放されて、とてもリフレッシュできています。

　心の健康の維持と向上に役

立つ旅行を、**メンタルヘルスツーリズム**と呼びます。Aさんたちの旅行は日常のストレスから解放されて幸福感が高まっているので、メンタルヘルスツーリズムにあてはまるでしょう。

旅行によってストレスが軽減されることは、実験によって明らかにされています。例えば、海洋療法（タラソテラピー）や農作業体験（グリーン・ツーリズム）の参加者を対象に、参加する前後でストレスホルモンであるコルチゾールの分泌量を計測したところ、参加後にはストレス状態が大幅に軽減していることがわかりました。同時に行ったアンケート調査を見ても、多くの参加者がストレスの低下を示していました。

また、別の実験では、森林浴やヨガなどを体験する一泊旅行に行ったあと、アンケート調査と指先で計測する脈波《みゃくは》の解析から、参加者のストレスがどれくらい軽減されたのかを調査しました。すると、参加者のほとんどがストレスの軽減を実感する回答をし、測定された数値からもストレスの軽減が確認できました。特に旅行前のストレスが強かった人ほど、旅行によるストレス

趣味・カルチャー

の軽減効果が高く出ていました。

メンタルヘルスツーリズムの効果を高める5つのポイント

メンタルヘルスツーリズムの効果を高めるポイントは、次の5つです。

①日常からの心理的距離を十分に離す

日常からの心理的距離が大きく離れるほど、効果が高まることがわかっています。日常から離れたいという**逃避欲求**が満たされるからです。例えば自宅や職場など日常の空間から物理的に離れることで、心理的距離をとることができます。心を解放し、ストレスから回復できるのです。

また、旅先で非日常の体験をすることも有効です。都会の人は自然の豊かな地域へ、自然の多い地域に暮らす人は都市へ旅行するとよいでしょう。**新奇性欲求**という、新しい物事や冒険を求める気持ちを満たせるためです。

②月1回程度、近場に旅行する

メンタルヘルスツーリズムの効果は、おおよそ1～3週間持続するという研究結果が出ています。そのため月1回程度、旅行に出かけられるとよいでしょう。日常の空間とは異なる場所に出かけることがポイントですので、近場に1泊程度の旅行でかまいません。こまめに出かけるほうが有効です。

③旅の計画や余韻も味わう

旅行でメンタルヘルスの効果が得られるのは、旅行期間中だけではありません。計画を立てて準備するときのワクワク感や、帰宅後の余韻を味わうことでも効果があると考えられます。例えば旅行から帰ってきたあとに写真を整理して旅の記憶を思い出したり、誰かに話したりするといったことです。また、おみやげを知人や同僚などに配ると、その行為によって自分も元気になるという研究結果もあります。旅行の追体験をすることで、ストレス軽減につながるのです。

④ストレスの度合いを見る

疲れやストレスがどの程度たまっているかによって、旅の内容を考えましょう。大きなストレスを抱えて疲れきっている人は、移動量の多い旅行をす

趣味・カルチャー

メンタルヘルスツーリズムの例

- 農作業体験（グリーン・ツーリズム）と呼ばれる、農業や漁業の作業体験をする。
- 海洋療法（タラソテラピー）と呼ばれる、海水や海藻、海泥を用いた自然療法を受ける。
- 旅行先でその土地特有の自然や文化、そこに暮らす人たちとの触れ合いを楽しむ。
- キャンプやグランピングで星空や虫の声、焚火を楽しむ。
- 森林浴やヨガ、イルカセラピー、ホースセラピーなどをする。

るとかえって疲労がたまり、ストレスを増やしてしまいます。ストレス度合いの高いときは、長くても片道1時間半以内程度で行ける場所で温泉や自然を楽しみ、緊張解消をするのがよいでしょう。

⑤一緒に旅行する人数を決める

一人旅か、複数人で旅行するのかによっても得られる効果が異なります。一人旅であれば、他者を気にする必要があまりないため、感覚が研ぎ澄まされやすく、自然などを十分に味わうことができます。複数人で旅行をする場合、感情を共有してくれる人がいることで楽しさが増しやすくなり、一緒に行った相手との関係強化もはかれます。

メンタルヘルスヘツーリズムのポイント

①日常からの心理的距離を十分に離す

日常から離れたいという**逃避欲求**が満たされる。

日常のストレスを忘れられる!

新しい物事や冒険を求める**新奇性欲求**が満たされる。

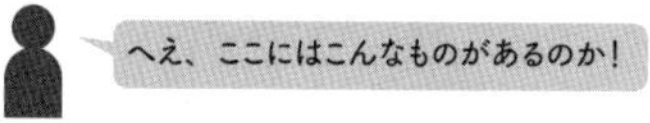
へえ、ここにはこんなものがあるのか!

②月1回程度、近場に旅行する
③旅の計画や余韻も味わう

効果の持続は1～3週間程度なので、月1回程度の旅行がおすすめ。
写真を整理しながら旅を振り返ったり、次の計画を立てたりする。

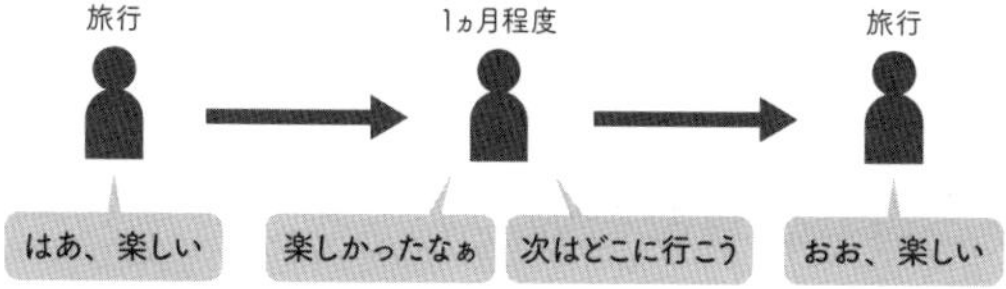
旅行
1ヵ月程度
旅行
はあ、楽しい
楽しかったなぁ
次はどこに行こう
おお、楽しい

④ストレスの度合いを見る

大きなストレスを抱えているときは、近場での癒しを重視する。

近場の温泉くらいがちょうどよい

⑤一緒に旅行する人数を決める

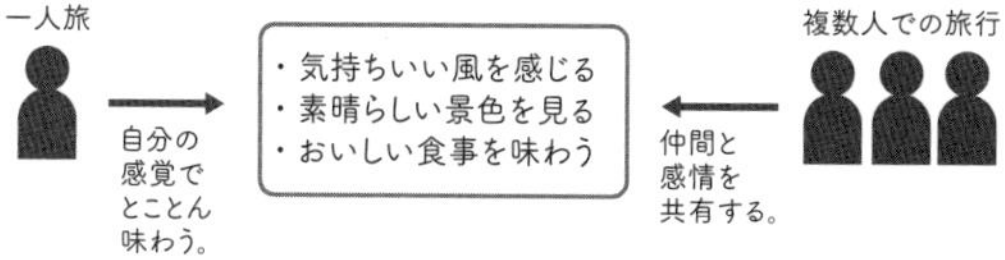
一人旅
自分の感覚でとことん味わう。
・気持ちいい風を感じる
・素晴らしい景色を見る
・おいしい食事を味わう
複数人での旅行
仲間と感情を共有する。

日本人がよく好む ポジティブツーリズム

KEYWORD

ポジティブツーリズム　自己拡大

癒《いや》しと自信をもたらす〝伸ばす旅〟

旅行先の軽井沢でAさんの父、夫、息子の3人はテニスを楽しみました。終わるころにはみんなで白熱した試合ができるほどに上達し、よい汗をかきました。一方、Aさんと母の2人は陶芸に挑戦。自分用のマグカップをつくり、2人とも気に入ったものができてよい記念になりました。

旅行には、マイナスの状態から心を回復させる効果だけでなく、よりアクティブになったり、創造力を発揮できたりと、プラスの方向に持っていく作用もあります。このような旅行を**ポジティブツーリズム**といいます。幸福感やポテンシャル、スキルを向上させる、いわば〝伸ばす旅〟です。ポジティブツーリズムに行ったあとは仕事の生産性が上がったり、思考が切り替わったり、あるいはストレスに強くなるといったことがわかっています。旅行で得た達成感が「自分の力でできる」という自己効力感となり、強い自信になっていくのです。つまり、旅行は癒しだけでなく、もっと積極的な目的を持ったものになるともいえます。

〝熟達〟がもたらす大きな回復効果

企業の取り組みとして、社員の能力とモチベーションを上げるために、個々の能力やチームワークを発揮できるような海外ボランティアに行って、現地に貢献するという社員旅行をとり入れているところもあります。

特に日本人は旅行に限らず、余暇で何らかの能力を上げるような活動を行う、つまり〝熟達〟を実感することにより、疲労やストレスが大きく回復することが研究によって明らかになっています。**自己拡大**や知識増進、スキル向上が図れるものが有効です。

自己拡大とは、それまで自覚していなかった長所に気づくことをいいます。何かに関して自分が向上しているのを感じられると、精神的にリフレッシュされるのです。そのため、仕事とまったく関係ないことであっても職業満足度が上がり、さらには人生満足度まで上がることがあります。

例えば、旅行先で乗馬教室やスノーボード教室に参加し、楽しみながら「できないことができるようになった！」「自分はできた！」という達成感を得られると自己拡大につながります。

Aさんたちは旅行先でテニスや陶芸をして、それぞれ上達や達成を感じていますので、ポジティブツーリズムの観点から見てもとても有益な旅になったといえるでしょう。

ポジティブツーリズム

幸福感やポテンシャル、スキルを向上させる旅行

「できた！」「わかった！」
という達成感が自己効力感を高める。

- **自己拡大により自信が高まり、ストレス耐性が増す。**
- **精神的なリフレッシュにより、疲労やストレスが解消される。**

例
- 乗馬、スノーボード、マリンスポーツ、陶芸などのアクティビティや教室に参加する。
- 美術館や博物館、史跡などをめぐり、知識や教養を増やす。

心の回復力を高めるセイバリング

KEYWORD

セイバリング　リカバリー理論

Aさんが軽井沢旅行で楽しみにしていたことの1つに、ある美術館へ行くことがありました。作品を鑑賞しながら、今まで知らなかった画家の人生や作品づくりの秘話などを知れたことで大満足。教養を深められて、有意義な時間を過ごせました。

メンタルヘルスツーリズムでもポジティブツーリズムでも、**セイバリング**できたかどうかが、ストレス軽減効果を左右します。セイバリングとは、「体験を味わう」「物事を味わう」ということです。同じ旅行でもそこでの体験をセイバリングできなかった人は「つまらなかった」と感じ、できた人は「有意義だった」と感じます。セイバリングする感覚を旅行で養うことで、日常でも幸福感に満ちた楽しい時間を送れるようになります。Aさんは好きな美術への理解や教養を十分に深めたことで、今回の旅で存分にセイバリングできたといえます。

また、ストレス耐性を高めるためには、**リカバリー理論**で考えることも大切です。リカバリーとは、「回復」「とり戻す」といった意味で、まず心を回復させてから、新たな視点を入れるのが大切ということです。特に欧米人は旅先でリラックスしただけで回復できる傾向がありますが、日本人は、心身を休めるだけでなく、そこで自分の何かが向上した、つまり熟達したと実感することが回復に重要なことがわかっています。Aさんのように仕事や家事から解放されてリカバリーしたうえで、「教養を深められた」「陶芸ができるようになった」などという実感を得ることが大切なのです。

コラム 3

心理学者紹介

ジークムント・フロイト

(Sigmund Freud, 1856〜1939)

ジークムント・フロイトはオーストリアの精神分析学者です。臨床心理学の三大創始者の一人で、精神分析学や心理学の基礎を築きました。人の行動の大部分は、理性でコントロールできない「無意識」に支配されていると提唱しています。また、心の動きを超自我（道徳的、社会的な理想を求める）、エス（本能的、性的な快楽を求める）、自我（エスと超自我を調整し、現実世界に適応させる）という3層に分けて提起しました。夢分析、心的外傷（PTSD）や神経症の研究なども行っています。

フロイトは、オーストリアで毛織物商人を営むユダヤ人の家庭に生まれました。ひ弱で神経質な子どもで、家で読書をするなど静かな時間を好んだとされています。

学業に優れ、ウィーン大学へ入学。物理などを学び、医学部の研究所に所属して、カエルやヤツメウナギなど両生類・無《む》顎《がく》類《るい》の脊髄神経細胞を研究します。また、脳性麻《ま》痺《ひ》や失語症に関する臨床研究の論文でも業績を残すなど、幅広い分野で活動しました。

卒業後は神経科を開業しながら研究を続け、精神の不調の原因を無意識の中から特定し、治療を行う精神分析を創始します。しかし、催眠を使う特殊な手法だったことと、彼がユダヤ人であることなどが理由で、ウィーンの医師会から反発にあい、1938年にイギリスに亡命しました。また、ノーベル医学賞の候補に13度も挙がりましたが、彼の頑固な性格に批判的な意見を持つ研究者も多く、受賞することはありませんでした。

第4章

人間関係に関する心理学

自分と似た人を好きになる？それとも嫌いになる？

KEYWORD

類似性-魅力仮説　自己評価維持モデル

Aさんはある日、子どもの習い事でときどき顔を合わせる保護者と、電車の中でばったり会いました。それまではあいさつをする程度でしたが、ゆっくり話をしてみると共通点が多く、意気投合。今では一番仲のよいママ友になりました。

一般的には同じ職場だからとか、子どもが同じクラスだからというように、顔を合わせる機会が多い人と仲良くなりやすいと思います。しかし、どのくらい親しくなるかは話が合うか、相手に好意を抱くかで決まります。具体的には出身や趣味、価値観、経歴、社会的地位、思考、言動などが似ている人に好意を抱きやすいことがわかっています。自分と似ている相手に魅力を感じるのは、互いに共感しやすく、話が通じやすいことで、自分が支持されているように感じるからです。アメリカの心理学者セオドア・ニューカムの実験でも、最初は物理的に近い者同士が仲良くなりましたが、時間が経つほど態度の似た者同士の親密度が増していくことが証明されています。このように、自分と似た人を好きになる心理を**類似性－魅力仮説**といいます。

他方で似たもの同士の関係は、ライバル心や嫉妬心を生むこともあります。このような現象は、アメリカの心理学者エイブラハム・テッサーによる**自己評価維持モデル**と呼ばれる理論によって説明されています。人は自己評価を高く維持したいという欲求を持っているため、自分と似ていると思っていた親しい人が、自分が熱心に取り組んでいる事柄について自分より優れている場合、自己評価が下がってしまうので拒絶したくなると考えられます。

人間関係

秘密を共有すると親しくなれる？

KEYWORD

自己開示　返報性の原理　アンダードッグ効果

Nさんの職場で入社して初めて、同期会が開かれました。今までは同期たちとさほど深い話をしたことはなかったのですが、日ごろの失敗談に「わかる〜！」と強く共感し合ったり、「実は婚約破棄したばかり」という告白話にみんなで驚いたりと大盛り上がり。一気にみんなとの距離が縮まりました。

失敗談や秘密の共有をしたことで親しくなれたのは、**自己開示**の返報性という現象によるものと考えられます。返報性とは、アメリカの社会学者アルヴィン・グールドナーが提唱した**返報性の原理**という概念で、人は相手から何かしてもらうとお返しをしなくてはならないと思うことです。つまり、失敗談のような弱みやプライベートの秘密を打ち明けられたことで、他の人も同じように自分をさらけ出し、親しくなれたのです。

また、弱みや秘密というのは相手の同情や哀れみを誘うので、**アンダードッグ効果**が働いたとも考えられます。アンダードッグ効果とは、不利な状況の人や弱い立場の人には手を差し伸べたくなることです。秘密の話をされた人は「自分は相手から信頼され、必要とされている」と感じ、相手に対して手を差し伸べたくなったことで心の距離が縮まったと考えられます。

ヒント!

親しくなりたい相手には、自分から自己開示をしてみましょう。返報性の原理が働き、相手も自然と心を開いてくれるかもしれません。

人間関係

自分と他人を比較したくなるのはどうして？

KEYWORD

社会的比較理論　上方比較　下方比較

Nさんは何かと自分とある同期を比較して、落ち込んでしまいます。その同期は気配り上手で、先輩にもクライアントにもかわいがられています。そんな同期の姿を見ると、「自分も頑張ろう！」という思いがわく一方で、同じようにはできない自分のふがいなさも感じてついつい落ち込んでしまうのです。

自分がどのような人間かを考えるとき、基準となる比較対象があることで評価が可能となります。これはアメリカの心理学者レオン・フェスティンガーが提唱したもので、**社会的比較理論**といいます。Nさんに限らず、人は常に他者と自分を比較しており、比較によって自分の価値や立ち位置を確認しているのです。比較対象は同年代の人など、自分と似た人が無意識のうちに選ばれています。

比較には、2パターンあります。自分より周囲からの評価が高い人と自分を比較する**上方比較**と、自分より評価の低い人と自分を比べる**下方比較**です。上方比較は「私もあんな風になりたいな」と思うことで、向上心やモチベーションを高めることができる一方、Nさんのように自分とのギャップの大きさから自信喪失につながる場合もあります。下方比較は「あの人よりはできる」と思うことで、自尊心を保ち、落ち込みを回避できますが、現状維持にとどまってしまい、自分を高めようという意欲が低下する場合があります。

なぜ相手や目的によって見せる自分が変わるの？

KEYWORD

防衛的自己呈示　主張的自己呈示

Nさんは男友だちと遊んでいるとき、職場での「社会人としてしっかりしている自分」でも、女子同士で「見栄を張っている自分」でもない、少しぶりっ子した「できないキャラ」を演じている自分に気づき、ぞっとしました。

　人は無意識のうちに、相手にどのように見られたいかに合わせて自分を演じているものです。このように言動によって、自分の印象操作をすることを自己呈示といいます。

自己呈示には、自分に対する悪い印象や評価を回避するための**防衛的自己呈示**と、自分に対する印象や評価をよくするための**主張的自己呈示**があります。防衛的自己呈示は、例えば正当化や弁解、謝罪などです。呈示の仕方を失敗すると、言い訳がましい人と思われてしまうので注意が必要です。一方、主張的自己呈示は取り入りや自己アピール、威嚇《いかく》、哀願などが挙げられます。主張的自己呈示では、過剰な呈示をしたり失敗したりすると、ずるい人だと思われてしまいます。冒頭のNさんの例での「できないキャラ」は哀願や取り入りに当てはまる、主張的自己呈示だといえるでしょう。

なお、自己呈示は自分が相手から何を期待されているかを敏感に察知することができる人ほど、上手だといわれています。

ヒント！

印象操作のために演じていると、自己呈示の内在化という現象が起きて、演技ではなく「本物」になることがあります。なりたい自分を演じてみるのも1つの手です。

説得されるとかえって拒否したくなるのはなぜ？

KEYWORD

心理的リアクタンス　ブーメラン効果

Aさんが息子に「宿題やったの？」と聞くと、「今からやろうと思っていたのに、いわれるとやる気をなくすんだよね」とため息をつかれました。今度は夫に「健康のために週末は運動したら？」というと、「休日ぐらい好きに過ごさせてよ」と煙たがられてしまいました。

このように確認や助言、さらには説得をされると、拒否したくなることを**心理的リアクタンス**といいます。自分の自由を奪われそうになったときに、その自由を守ろうとして抵抗する心理が働くためです。特に高圧的な態度で説得されたり、行動を決めつけるようなアドバイスをされたりすると、心理的リアクタンスが生じやすいことがさまざまな実験で証明されています。ダメといわれると逆にしたくなるのも、心理的リアクタンスです。「禁煙したら?」とか、「ゲームは長時間しないでね」などというと逆効果で、相手の欲求を増強させてしまうのです。

また、相手を説得しようとすればするほど、説得しようとする意見や考えとは逆の意見や考えになってしまうことを**ブーメラン効果**といいます。忙しかったりイライラしたりして、精神的余裕のない状況のときは特に生じやすい反応です。説得したい場合は、タイミングが重要といえます。

心理的リアクタンスを生じさせないためには、決定権は相手にあり、自由があると感じてもらうとよいでしょう。Aさんの場合、「宿題は順調?」と息子が自分のペースで進めていることを尊重するような聞き方が考えられます。また、場合によっては選択肢を出して、本人に決めてもらう手もあります。

期待をかけたほうが伸びるって本当？

KEYWORD

ピグマリオン効果（教師期待効果） **ガラティア効果** **ゴーレム効果**

本気の期待が相手を伸ばす

Aさんはパート先で、学生アルバイトの教育を任されました。「今どきの学生ってどう扱うのが正解なのだろう」などと不安を感じながら、息子の育児で経験してきたように期待をかけて、ほめて伸ばすことにしました。

他者から期待されると、期待に応えて成績やスキルなどが上がることを**ピグマリオン**

効果といいます。ここでの期待とは、相手からの見返りを求めない、無条件での期待のことです。

アメリカの心理学者ロバート・ローゼンタールの実験によると、根拠のない期待でも、期待をかけられ続けていると期待通りになることが証明されています。ローゼンタールの実験では、期待をかける側も根拠のない期待だとは知らされておらず、期待が正当なものだと信じて指導と支援をしていたことが効果を高くしたと見られています。つまり、ただ期待の言葉をかけるだけでなく、相手の能力を信じて期待に合わせたサポートをすることが重要なのです。ピグマリオン効果は親や教師が子どもに期待することで、子どもの能力が向上することを指して**教師期待効果**ともいわれています。

ピグマリオン効果が起きる要因としては、関係性の欲求が影響していると考えられています。人は他者に認められたい欲求があり、それが動機づけになって期待に応えようとするモチベーションにつながっているのです。一方、期待をかけられた側が期待に応えて自己成就することを、**ガラティア効果**と

ピグマリオン効果を高めるサポート

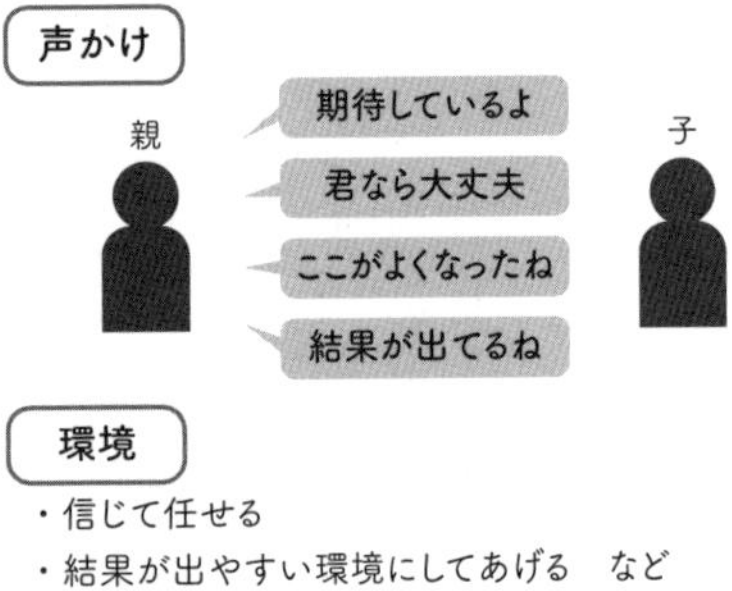
声かけ
親
子
期待しているよ
君なら大丈夫
ここがよくなったね
結果が出てるね
環境
・信じて任せる
・結果が出やすい環境にしてあげる　など

いいます。

彫像を本気で愛したピグマリオン

ちなみにピグマリオン効果とガラティア効果は、ギリシャ神話に由来して名づけられています。ピグマリオンは地中海に浮かぶキプロス島の王であり、彫刻家でもありました。ピグマリオンは彫刻で自分の理想とする女性をつくり、ガラティアと名づけて本物の女性のように大切に扱いました。そして、ガラティア像を本気で愛するピグマリオンの姿を見た恋の女神アフロディーテが、ガラティアを人間にしたのです。

この話にちなんで、心から期待すると相手も応えてくれることをピグマリオン効果、期待に応えて成果を出すことをガラティア効果というのです。

ピグマリオン効果やガラティア効果とは反対に人は期待されず、否定されたり嫌みをいわれたり、ネガティブな言葉ばかりかけられ続けていると、その通りのダメな状態になることがわかっています。これを**ゴーレム効果**といいます。ゴーレムは、ユダヤ教の伝説にある泥でつくった操り人形の名前で、額に刻まれた文字の一部を消すと泥に戻ってしまいます。

いずれも他者からの期待が、人の能力・スキルの向上に大きく影響することを表しています。

ヒント！

ピグマリオン効果はすぐに結果が出ないこともありますが、根気強く期待し続けてサポートしていくことで結果につながるようです。

人間関係

なぜ集団同士の対立が起きるのか？

KEYWORD

集団間葛藤

ある日、Aさんの息子が腹を立てて帰ってきたので、理由を聞きました。すると、公園で友だちとサッカーをしていたら違うグループが来て野球を始めたため、場所のとり合いでもめたそうです。Aさんが「一緒にサッカーか野球をしようって誘えばよかったのに」というと、「ありえない！」と息子の怒りは収まらない様子でした。

チームとして戦うことを目的につくられた集団はもちろ

ん、そうでなくてもAさんの息子たちのようにグループ同士で利害の対立が生じれば、敵対意識が生まれることがあります。この現象を**集団間葛藤**といいます。自分が属している集団（内集団）には愛着を抱きやすく、他の集団（外集団）には敵対心を抱きやすいためです。

アメリカの心理学者ムザファー・シェリフらが行った実験で、集団間葛藤が生じていると内集団の仲間との連帯意識や絆が強化され、外集団への敵対心が増強されることが証明されています。また、この実験によると、集団間葛藤を解消するために2つの集団を交流させても効果はありませんでした。ところが、2つのグループが協力しないと成し遂げられない目標を与えられると、葛藤が解消されたのでした。

ヒント！

外集団との対立や摩擦を解消したい場合は、外集団との連携が不可欠なミッションをとり入れてみましょう。

人間関係

集団の中では独自のルールがつくられる

KEYWORD

集団規範

Nさんの部署は整理整頓が行き届いていると、他の部署からいわれています。公式の規則として決められているわけではありませんが、確かにどのデスクも棚もいつもきれいに片付けられています。Nさんは片付けが得意なほうではありませんが、今の部署に配属されてから気をつけるようになりました。

個性も価値観もバラバラな人たちによる集団であっても、集団の中にいるときは集団内の仲間の影響を受け合うため、しだいに価値観や言動が統一されていきます。アメリカの心理学者ムザファー・シェリフらが行った実験では、個人ではバラバラだった回答が、集団で行動させる回数を重ねるごとにメンバーの回答内容が近づいていくことが明らかにされています。

Nさんの部署での整理整頓のように、集団内でつくられる独自の価値基準や行動の判断基準を**集団規範**といいます。集団規範は集団内での多数派の価値観によって形成されやすく、集団内のメンバーはその規範に従うべきという心理が働きます。仲間から疎外されることをおそれて、本来は違う価値観の人も規範に合わせるようになるのです。そうして規範がしっかりとできあがると、それが集団の「カラー」となります。

ヒント！

集団規範があると、集団のチームワークが高まることがあります。仲間との結束を高めたいときは、集団規範の醸成を意識してみましょう。

人間関係

共通の敵をつくると一体感が強まる

KEYWORD

スケープゴート　黒い羊効果（ブラックシープ）

Nさんは新プロジェクトのメンバーに選ばれました。初めて一緒に仕事をするメンバーが多く、それぞれが所属する部署も違うため、最初はみな自分の立場から主張するばかりでまとまりがありませんでした。しかし、プレゼン先の担当者がクセ者だったことから、「何とか鼻をあかそう！」とメンバー間の結束が強くなりました。

このように共通の敵ができると仲間意識が生まれたり、

団結力が高まったりします。共通の敵は、「いけにえ」の意味を持つ**スケープゴート**ともいいます。集団の正当性や結束を高めたり維持したりするために、特定の人（モノやコト）を悪者に仕立て上げるのです。距離を縮めたい相手や理解を得たい相手がいるときは、意図的に共通の敵をつくるのも１つの手でしょう。

しかし、共通の敵はいじめの構造につながることも理解しておきましょう。**黒い羊効果**（**ブラックシープ**）と呼ばれるもので、自分が所属する集団の中で異質な存在を好ましくないものとして排除しようとすることをいいます。内集団に対する愛着が強いがゆえに、理想の状態を求めてしまう作用が働くと考えられています。ターゲットにされている人は排除される一方、それ以外の人は一体感を強めてしまうので、深刻ないじめにつながりかねません。

ヒント！

共通の敵は、人である必要はありません。「花粉症」「お客様が困っていること」など、結束を高めたい人（集団）と共闘できる敵を見つけてみましょう。

人間関係

なぜあの人はやたらとマウントをとってくるのか

KEYWORD

ディスカウント（ディスカウンティング）

Aさんの息子が通う塾の保護者に、マウントをとってくる人がいます。子どもの成績を聞いてきたり、夫の会社の話を自慢したり、ブランドもののカバンや靴を見せつけてきたり。Aさんは送迎時に、その人に会わないように気をつけています。

最近では、こうした言動を「マウントをとる（マウンティング）」といったりしますが、心理学では**ディスカウントをする（ディスカウンティ**

ング）といいます。軽視したり、馬鹿にしたり、意見を聞かなかったりすることで、相手や相手をとり巻く環境を低く評価することです。

ディスカウントをする人の心理的背景には、自分に自信がないので虚勢を張っている、承認欲求が強すぎる、優劣にこだわりすぎる、主導権を握りたいなどがあると考えられます。なお、本人に自覚がないケースも少なくないでしょう。つい自慢話や苦労話をしてしまう人、否定的な意見をいいがちな人、負けず嫌いの人、アドバイスするのが好きな人は、自覚していないだけで相手を不快にさせているかもしれないので注意が必要です。思い当たる節がある場合は意識して話の聞き手に回ったり、相手を立てたりしてみるとよいかもしれません。

ディスカウントをされていると感じたら、さらっと受け流すことがポイントです。相手にいい返したり意見を否定したりすると、さらに強くディスカウントされるようになります。適当におだてたり、大笑いしたり、「そうなんだね〜」などと返したりしておくくらいがちょうどよいかもしれませんね。

なぜ店員に横柄な態度をとる人がいるの？

KEYWORD

防衛機制（抑圧） 優位性

Aさんは夫のやさしくて、気の利くところが好きです。しかし、そんな夫がなぜかレストランの店員に対し、横柄な態度をとるのが不思議で仕方ありません。敬語を使わず高圧的で、一緒にいるのが恥ずかしくなることもたびたびです。カスタマーハラスメント（カスハラ）といって、店員などに対する理不尽なクレーム、度を越した要求、暴言や暴力などの行為が近年、問題視されています。

そういうこともあってやめるように注意しても、「客が店員に気をつかってどうするんだよ」といって改めません。

このように普段はやさしいのに、店員などには横柄な態度をとる人がいます。そうした人の場合、普段は感情や本心を**抑圧**（**防衛機制**の1つ）していて、ストレスをため込んでいることが考えられます。もしかしたら職場などで、上司や先輩に高圧的な態度をとられているのかもしれません。あるいは職業柄、我慢していることが多い人なのかもしれません。自分に自信がない、劣等感の強い人という場合もあります。虚勢を張って、横柄な態度をとっているのです。

客から見て店員は、「自分のほうが立場が上だ」という意識を持ちやすく、かつ自分に逆らってくる心配の少ない相手といえます。そのため、無意識のうちに自分の**優位性**を誇示して優越感にひたることで、抑圧していた感情やストレスを発散しているのです。店員は自分の実生活には関わりがない他人だということも、横柄な態度をとりやすくさせる要因といえます。

なぜ毒親になってしまうのか？

KEYWORD

機能不全家族　世代間連鎖　アダルトチルドレン

子どもの人生を支配しようとする親

Aさんは「一人息子をしっかりと育てなくては！」という思いが強いためか、息子の一挙手一投足が気になって、「あれができてない」「そんなんじゃダメでしょ」「何でできないの」などと、何かにつけて小言をいってしまいます。思春期に入る息子に「お母さんは僕にダメ出しをしてばっかりだ！」と強く反発され、「私って毒親なのかしら」とハッとしてしまいました。

毒親（Toxic Parents）とは、子どもの人生を支配して悪影響を及ぼす親のことで、アメリカの心理学者スーザン・フォワードが提唱した言葉です。暴力や暴言などの虐待、ネグレクト（育児放棄）の他、過干渉や過保護（過度に統制しようとする行為）などが当てはまります。

毒親になってしまう主な5つの要因

毒親になってしまう要因はさまざまですが、次のようなものが挙げられています。

要因①育児疲れ

思い通りにならない、時間が足りない、睡眠不足、体力がもたない、完璧主義、ワンオペで頼れる人もいないなどが原因で精神的余裕がなくなり、イライラして子どもに強くあたってしまうのです。エスカレートして、体罰などに発展してしまう場合もあります。

人間関係

要因②子どもへの依存

自分の存在意義を子どもに見いだそうとして、子どもに執着したり依存したりするケースです。子どもを自分の支配下において管理しようと、過度に干渉したり、束縛したりします。

要因③自分があきらめた夢を子どもに託している

「自分があきらめた夢をかなえてほしい」「自分に挫折の経験や低学歴などのコンプレックスがあるので、同じような思いをしてほしくない」などの思いが強すぎて、そうした屈折した思いの解消を子どもに託してしまうケースです。そのため、過干渉になったり、教育虐待と呼ばれるような勉強の強要をしたりしてしまいます。

要因④機能不全家族

機能不全家族とは、家族として果たされるべき役割が破綻し、身体的または精神的苦痛を感じることが日常的にある家族のことです。例えば両親が不仲、各種の虐待、ネグレクト、しつけが過度に厳しい、子どもに過剰な期待を向けているなどの家族を指します。機能不全家族のもとで育った子どもは、心身の健全な成長が妨げられることがわかっています。

要因⑤世代間連鎖

自分の親を見てきて、「あんな風にはなりたくない！」と思っていたのに、ふと気づくと親と同じ口調で子どもに小言をいっていた！ということがあります。これは**世代間連鎖**によるものです。例えば毒親のもとで育った人が親になったときに、無意識のうちに我が子に虐待などをしてしまっているという連鎖があり得ます。

毒親に育てられたことによる心の傷が子育ての仕方を歪ませて、自らも毒親になってしまうことがあるのです。代表的なのは、**アダルトチルドレン**です。「抑圧された子ども心」という意味で、機能不全家族のもとで育つなどして、子どもなのに大人のように気苦労を多くしてきた人たちのことをいいます。アダルトチルドレンである親は、周囲への愛情表現がうまくできない愛着障害があることがわかっています。

「過程」を評価して勇気づけると能力が伸びる

KEYWORD

勇気づけ　レジリエンス

Aさんがパート先で教育を任されていた学生アルバイトの試用期間が、ようやく終わりました。「早く仕事を覚えようと一生懸命努力していたよね」と声をかけると、とてもうれしそう。頼もしい戦力になってくれそうです。

　子どもでも部下でも、結果をほめるよりも、過程に注目して評価するほうが能力が伸びるといわれています。オーストリアの心理学者アルフレッド・アドラーが提唱したアドラー心理学では、困難を克服する力を与えることを**勇気づけ**と名づけています。

例えば、何かができたときに「すごいね」「えらいね」と結果をほめるよりも、「毎日よく頑張ったね」「最初はできなかったことが、できるようになったね」などと、過程に注目して声をかけるのが勇気づけです。2つめの声かけのように、他の人と比べるのではなく、子どもや部下の現在と過去の姿を比較することで、過程に注目することも勇気づけになります。

過程を評価することで、**レジリエンス**が育まれるともいわれています。レジリエンスとは、アメリカの心理学者カレン・ライビッチが提唱した理論で、逆境や困難をしなやかに乗り越えて回復する力（精神的回復力）をいいます。

ヒント！

勇気づけのコツは過程をほめる以外に、一緒に喜ぶ、具体的にほめる、「助かったよ」などと感謝をすることなどがあります。

人間関係

人にあだ名をつけて呼ぶのは悪いこと？

KEYWORD

心理的距離　仲間意識の結束

Ａさんの息子のクラスに転校生がやってきました。早く仲良くなりたいと思ったＡさんの息子は、その転校生にさっそくあだ名をつけました。しかし、名前を面白おかしく変化させたあだ名だったので、転校生は「名前を馬鹿にされた」と傷ついて泣いてしまったそうです。Ａさんのところへ担任の先生から電話で連絡があり、家庭でも指導するように注意されてしまいました。

氏名とは異なる呼称、つまりあだ名を使うことで互いに親しみを表現することができます。呼ぶ側も呼ばれる側も**心理的距離**が近くなるのを感じられるため、早く親しくなりたい相手がいるときや自分のことを早く覚えてほしいときに、あだ名を使うことは悪いことではありません。また、あだ名の使用は**仲間意識の結束**につながる役割も果たします。

ただし気をつけなくてはいけないのは、あだ名でその人の容姿や名前を揶《や》揄《ゆ》したり、その人に対する悪いイメージや評価、関係性を表したりしてしまうときです。悪意のあるあだ名になり、相手を攻撃する手段になってしまうため、呼ぶ側はちょっとした冗談のつもりだったとしても、呼ばれる側は深く傷ついてしまうのです。

ヒント！

あだ名をつけるときは、「〇〇って呼んでもいい？」と必ず相手に確認をして同意を得ましょう。逆の立場で、嫌なときははっきりとNOという勇気が必要です。

あまのじゃくな言動の理由はかまってちゃんだから？

KEYWORD
心理的リアクタンス

Nさんの友だちは、いつもあまのじゃくなことをいいます。人の意見に対して必ず反対の意見をぶつけたり、遊びに誘うと本当は行きたいくせに「どうしようかな」と迷ってみせたり……。仲間内ではそういう個性として受け入れられていますが、なかなか面倒くさい性格です。

あまのじゃくな言動は、**心理的リアクタンス**によるものだと説明することができます。自分の選択や言動の自由を制限されたように感じると、反発心が生まれ、抵抗する行動をとってしまうのが心理的リアクタンスです。そのため、人の意見を簡単には受け入れなかったり、誘いに素直に応じなかったりするのだと考えられるのです。

また、次のような条件があることで、あまのじゃくになっているとも考えられます。例えば、人にかまってもらいたい欲求がある、極端に負けず嫌い、自分の弱みを人に見せることが苦手、自尊心が高すぎるなどです。このような人の心理的背景には、幼少期に親や周りの人から十分な愛情をもらえていなかったと感じているとか、成長過程で意見を否定される経験が多かったことが影響している場合があります。機能不全家族（→142ページ）による影響が働いてしまっているということもあるようです。

ヒント！

あまのじゃくだなと思う人がいたら、反発されることを前提に話をしてみましょう。余計なストレスを避けられますし、うまく付き合えるかもしれません。

人間関係

「HSP」とはどんな人を指すの?

KEYWORD

HSP　繊細さん

Nさんは、職場で電話対応をするのが苦手です。話し方を周りの人にチェックされているのではないかと思って、極度に緊張してしまうからです。電話対応以外の場面でも、同僚や上司のため息が聞こえたりイライラしている空気を感じたりすると、「私が何かやっちゃったのかも?」と不安になって気分が落ち込み、ものすごく疲れます。

Nさんのような人は、**HS**

Pの可能性があります。アメリカの臨床心理学者エレイン・アーロンが提唱した言葉で、Highly Sensitive Person（ハイリー・センシティブ・パーソン）の略語です。日本では、**繊細さん**という言葉で表現され、認知度が高まりました。

HSPの主な特徴として、深く思考をめぐらせて考えがち、刺激に対して反応が出やすく疲れやすい、感情の反応や共感力が強い、他者との心の境界線が薄いので相手の感情に影響を受けやすい、音・光・匂いなどの刺激に過敏といったことがあるとわかっています。

一方、Nさんとは真逆の特徴を持つ、「図太い」人もいます。自信家、プライドが高くて頑固、自分本位、マイペースで楽観的、空気を読まずに行動するなどといった人が図太い人とされています。

ヒント！

気疲れが多くて「自分はHSPかもしれない」と感じたら、例えばオフィスではトイレ休憩を多めにとるなどして、一人時間を意識的につくってみるのもよいかもしれません。

人間関係

ひそひそ話をされると気分が悪くなるのはなぜ？

KEYWORD

自己概念 **敵意帰属バイアス**

Nさんが会社でトイレに行こうとしたとき、廊下で先輩たちが何かひそひそと話して笑っているのを目撃しました。「もしかしたら昨日、私が派手なミスをしたことを笑っているのかも！」と思ってNさんは怖くなり、先輩たちに気づかれないようにして席に戻りました。

Nさんのようにネガティブな**自己概念**を持っている人はひそひそ話をしている人を目撃すると、自分のことをいっているのではないかと不安になりやすい傾向があります。自己概念とは、自分が考える自分自身のイメージです。Nさんは自分自身に対して悪いイメージを持っていて自信がないため、何かのきっかけがあると「自分はミスが多いから周りから馬鹿にされているに違いない」などと考えてしまうのです。

一方、**敵意帰属バイアス**が強いことで、ひそひそ話をしている様子を見ると、自分の悪口をいっているのだと思ってしまう人もいます。相手の言動は敵意や悪意により、自分を傷つけるものだととらえてしまうことを、敵意帰属バイアスといいます。いずれの場合も、本当はどんな話をしているのかはわからないまま、自分の中でイメージを勝手に膨らませてしまっているといえます。

ヒント！

オーストリアの心理学者アルフレッド・アドラーは、他者がどう評価するかは他者次第なのだから、大切なのは「自分の理想、自分がどうしたいのか」だと説いています。

人見知りを克服するための4つの心理テクニック

KEYWORD

初頭効果　メラビアンの法則　返報性の原理　自己開示

よい第一印象を与えるポイント

Nさんは、かなりの人見知りです。初対面の人がいると自分がどう思われるか不安で緊張してしまい、何を話していいのかわからなくなります。なるべく目を合わせないようにして、黙り込んでしまうこともあります。でも、「どうにかして人見知りを克服したい！」と悩んでいます。

初対面の人と仲良くなるために知っておきたい心理として、**初頭効果**、**メラビアンの法則**、**返報性の原理**、**自己開示**の4つがあります。

まず、**初頭効果**（→281ページ）です。アメリカで活動した心理学者ソロモン・アッシュは、相手が自分に抱く印象の形成は提示した順が大きく影響すると述べています。例えば「しっかり者でまじめだけど、おっちょこちょい」というのと、「おっちょこちょいだけど、まじめでしっかり者」というのでは、前者のほうが「しっかり者」という印象を強く相手に与えることができます。

また、アメリカの心理学者アルバート・メラビアンが提唱した**メラビアンの法則**（→282ページ）によると、人の第一印象は話の内容（言語情報）よりも見た目や表情、しぐさなどの視覚情報が優先されるといいます。何を話すかで悩むくらいであれば、どんな雑談でもよいので、にこやかな表情を意識したり、服装や髪型などの清潔感を大事にしたりしたほうが相手に伝わる第一印象はよくなるといえるでしょう。

人間関係

自分から自己開示をしてみよう

返報性の原理（→119ページ）はアメリカの社会学者アルヴィン・グールドナーが提唱した概念で、人は相手から何かしてもらうと、お返しをしたくなるというものです。そこで、まずはあなたから話しかけてみましょう。相手もこころよく対応してくれる可能性が高まります。

初対面の人との距離を縮めやすい話題に、「木戸に立てかけし衣食住」があります。季節、道楽、ニュース、旅、天気、家族、健康、仕事、衣料、食、住居の頭文字をとったものです。一方、初対面の人とのタブーな話題は政治、宗教、野球、サラリー。頭文字をとって「政宗の皿」といわれています。

さらに、より親しくなりたいときは、**自己開示**（→118ページ）をしてみましょう。出身地、家族、趣味、過去の失敗談、率直な意見などプライベートな話を伝えて自己開示をしてみるのです。このとき返報性の原理が働いて、相手も自己開示してくれて親しくなれたり、信頼関係が築けたりします。

身だしなみ、話題のポイント

［身だしなみチェック］

□ 爪がのびたり、汚れたりしていないか

□ 髪型が不潔な印象になっていないか

□ メイクが奇抜すぎないか

□ アクセサリーが過度ではないか

□ スーツやシャツにひどいしわや汚れがないか

□ 靴のかかと、つま先が極端にすり減っていないか

□ 口臭や洋服の匂いに気をつかっているか
（香水や柔軟剤の匂いがきつすぎないか）

［話題］

●距離を縮めやすい話題「木戸に立てかけし衣食住」

季節、道楽、ニュース、旅、天気、家族、
健康、仕事、衣料、食、住居

●タブーの話題「政宗の皿」

政治、宗教、野球（特定のスポーツチームのこと）、
サラリー

コラム 4

心理学者紹介

カール・ユング

(Carl Jung, 1875〜1961)

カール・ユングはスイスの精神科医、分析心理学者です。フロイト（→114ページ）とともに、精神分析学を発展させた臨床心理学の三大巨頭の一人です。フロイトが無意識を個人的無意識としたのに対して、ユングは個人的無意識と普遍的無意識の2つに分けて考え、精神分析学を創始します。このような異なる意見を主張し合ったため、二人は対立してしまいました。ユングは他にも、タイプ論（性格を8つに分類）や元型（人類に普遍的に共通する心の動き方のパターン）、コンプレックスの理論も提唱しています。

ユングは、スイス北部の小さな村で生まれました。父はプロテスタント教会の牧師、父方の祖父は大学の医学部教授、母と母方の祖父母は霊能者という家系でした。繊細な子どもで、自分の中に2つの人格が存在していることを感じていたといいます。

ユングは祖父と同じバーゼル大学の医学部に進学し、そこで精神医学と出会い、研究に没頭していきました。妻も共同研究者となるような人でした。真の理解者として父のように慕っていたフロイトと決別したあとは、自身と向き合う中で精神疾患を発症しかけ、幻覚を見るほど悩んでいた時期もあったようです。しかしその後、スイスのボーリンゲンに自ら石の塔を建設し、その作業によって自身の精神的不調が安定したといわれています。晩年は自身や患者の分析をもとにさまざまな理論を提唱し、執筆活動も精力的に行いました。

第5章

恋愛・男女に関する心理学

不安な状況を共有すると恋が生まれる?

KEYWORD

吊り橋効果 錯誤帰属 暗闇効果

Nさんはある男友だちとテーマパークに行きました。絶叫マシンやお化け屋敷では、なぜかいつもより彼を男性として意識してしまいドキドキ。夜のパレードを見るころには、自然と手をつないでいました。

Nさんが彼にドキドキしたのは、**吊り橋効果**が働いたためと考えられます。カナダの心理学者ドナルド・ダットンとアーサー・アロンの実験で証明されたもので、吊り橋の上で恐怖によってドキドキしたときに、目の前にいる異性にドキドキしているのだと勘違いして恋愛感情が高まるというものです。このようにドキドキした現象の原因を勘違いしてしまうことを**錯誤帰属**といいます。

また、夜になって手をつないだのは、**暗闇効果**が働いたからだといえます。アメリカの心理学者ケネス・J・ガーゲンが行った実験で明らかになっている効果です。人は暗いところにいると本能的に不安になり、誰かのそばにいたい、触れていたいと感じます。ここに錯誤帰属が働き、恋愛感情によるものだと思い込んでほれやすくなるのです。また、暗闇では瞳孔が開く、性的欲求が増すといった生理現象が起きるため、これらのことによっても相手への好意があると勘違いするのです。

ヒント！

自分のことを好きになってほしい異性がいるときは、吊り橋効果や暗闇効果が働く場所へデートに誘ってみては。恋愛成就の心理作戦の1つです。

好きな人の視界にたくさん入ったほうがよい？

KEYWORD

単純接触効果（ザイアンスの法則）

Sさんは同期から、「会社の後輩と付き合い始めた」との報告を受けてびっくり。話を聞くと、同期はその後輩と帰りの電車で偶然一緒になったり、朝にコンビニでばったりと会ったり、昼休みによく行くお店が同じだったりして顔を合わせることが多く、そうしているうちに恋愛感情が芽生えたのだそうです。

Sさんの同期と後輩の間には、**単純接触効果**が働いたと考えられます。単純接触効果とは、最初は特に興味関心がなかったものに対して、接触する回数が増えることで好意を抱きやすくなるという現象です。アメリカの心理学者ロバート・ザイアンスの研究で明らかにされているため、**ザイアンスの法則**とも呼ばれます。何度も顔を合わせる相手はしっかりと記憶され、次に会ったときに素早く認知できるため、その認知の早さを好意によるものと感じてしまうメカニズムだと考えられています。

単純接触効果を活用している代表例が、テレビやインターネットなどから繰り返し流されるCMや広告です。少ない情報量でも接触回数を増やすことで、好印象を抱かせる狙いがあります。ただし、悪い印象を持っているものとは接触すればするほど、逆に嫌悪感が増してしまうという側面もあります。

ヒント！

SNSやメールなどで頻繁《ひんぱん》にコミュニケーションをとることでも、単純接触効果が働きます。相手に自分を意識してもらうことがポイントです。

恋愛・男女

外見がよい人は性格もよい？

KEYWORD

ハロー効果　パーソン・ポジティビティ・バイアス

Nさんは学生時代の友人に誘われて、合コンに行きました。友人は清楚なアイドル系の顔なので、「いい子そう！」と男性陣からモテモテ。「本当はあざとい子だけど、あの顔で微笑まれたら見抜けないよな～」と妙に感心してしまったNさんでした。

人はある対象を評価するとき、外見など目立つ特徴に引っ張られて、他の特徴の評価にも影響を及ぼすことがあります。これを**ハロー効果**といいます。アメリカの心理学者のエドワード・ソーンダイクが提唱しました。Nさんが参加した合コンの男性陣のように、「この子は外見や笑顔がよいから、性格もよいのだろう」といった認知が生まれやすくなるのはハロー効果によるものです。

また、初めて会う人に対しては**パーソン・ポジティビティ・バイアス**が働き、自動的に「この人はよい人に違いない」と思う傾向があることがわかっています。初対面の相手に対しては、相手のわずかな情報からすぐに印象を形成するのですが、その際、多くの人は相手に前向きな期待を抱きやすいためと考えられています。さらに相手の容姿がよいと、このバイアスが強く発揮されることが多くの研究で証明されています。

ヒント！

ファッションやメイク、あるいは笑顔の練習などの外見磨きにこだわれば、「見た目が好印象だから内面もよいだろう」と見なされる効果を活用できるかもしれません。

恋愛・男女

なぜ人はギャップに弱いのだろう?

KEYWORD

ギャップ効果　**ゲイン効果・ロス効果**

Nさんは同期の男性と取引先に行くことになりました。同期会ではお調子者で盛り上げ隊長の彼が、取引先の担当者と落ち着いたトーンでスマートに話す姿を見て、思いがけずちょっとときめいてしまいました。

これは**ギャップ効果**と呼ばれ、驚きによって相手に強いインパクトを与えるものです。ギャップがあることで実際以上に評価がよくなり、相手から強く意識されるようになる傾向があります。Nさんが同期の男性にときめいてしまったのは、このためです。

また、「お調子者だと思っていたら、仕事の場面ではとてもスマート」など予想していたことをプラスの方向に覆《くつがえ》されると、好感度が高まることがわかっています。アメリカの心理学者エリオット・アロンソンとダーウィン・リンダーによって明らかにされた理論で、**ゲイン効果**と呼ばれています。反対にマイナスに逆転して、「思っていたほどではなかった」と評価が下がってしまう場合は**ロス効果**と呼ばれます。いずれも一貫して同じ評価を受けるよりも、途中で評価が逆転したほうが対人魅力に大きく影響するとした理論です。ゲイン効果もロス効果も、最初に抱いていた期待とのギャップの度合いが大きいほど、好感度が大きく変わることがわかっています。

ヒント！

好きな人と友だち以上の関係になれずに悩んでいる人は、相手から見た自分の印象にプラスのギャップが出せることをやってみてはどうでしょうか。

恋愛・男女

相手の欠点ばかりが目につくのはなぜ？

KEYWORD

ネガティビティ・バイアス　ミスアンスロピック・メモリー

Aさんの夫はやさしくて気の利く人ですが、家事に関しては見て見ぬふりをするので、Aさんはよくイライラします。以前、手伝ってほしいと頼んだとき「仕事で疲れているから今は無理」といわれ、「私も仕事しているよ！」とケンカになりました。

アメリカの心理学者スーザン・T・フィスクの実験で、人は相手のポジティブな行動や情報よりもネガティブな行動や情報のほうに注視し、評価を決める傾向があることがわかっています。これを**ネガティビティ・バイアス**といいます。人類がトラブルから身を守って生き延びるために、リスクを敏感に察知するセンサーのようなものとして形成されたという説があります。Aさんが夫のよいところよりも嫌なところのほうに意識が向いてイライラしてしまうのは、ネガティビティ・バイアスによるものといえます。

また、他者のネガティブな言動が記憶に強く残る、**ミスアンスロピック・メモリー**という現象もあります。他者の善意によるよい言動よりもよくない言動や悪意のある言動のほうが、その人のパーソナリティを反映するものだととらえて、重要な情報だと思われて頭から離れなくなる現象です。

欠点が1つもない人はいません。どんなによい人でも、状況によってよくない行動をとることがあります。悪いところばかりに意識をひっぱられないように、こうしたバイアスがあることを理解したうえで積極的に相手のよいところを見るようにしてみましょう。そうすれば、周囲の人との不要なイライラや衝突を回避できるかもしれません。

恋愛・男女

「あなたはいつもそう！」と決めつけていないか

KEYWORD

帰納的推論　確証バイアス

天気のよい週末なのに、Aさんの夫はソファに寝転んでスマホをいじってばかり。Aさんは「あなたはいつもそうやってゴロゴロしてばかり！　天気がよい日は子どもと公園に行こうとか思わないの？」と小言をいってしまいました。すると夫は、「いつもとは何だよ！　先月みんなでキャンプに行ったじゃないか」と反論してきました。

Aさんのように、「あなたはいつもそう！」と決めつけてしまうことを**帰納的推論**と呼びます。関連のない個別の出来事や事柄に対して、憶測や決めつけで法則を見つけ、普遍的なものとしてしまうことです。Aさんの場合、「夫はソファに寝転ぶのが好き」「夫はよくスマホをいじっている」「夫はときどきしか子どもと遊ばない」という個別の事柄から共通する要因を見つけて、「あなたはいつもゴロゴロしてばかり！」と普遍的なもののようにいってしまったのです。

帰納的推論は複数の人の出来事から何かしらの法則を見出し、一般化することも含みます。例えば「A子はすぐ泣く」「B子はわがまま」「C子は束縛が強い」などのことから、「そもそも女は面倒くさい」と一般化して結論づけてしまうようなことです。これは**確証バイアス**も影響しており、自分の思い込みや偏《かたよ》った考え方に合う事柄だけを見ていることで助長されます。

帰納的推論をすると、相手から「何でそうなるわけ？」と反感を買い、ケンカの火種になりかねません。解決したい問題があるときは、1つの問題だけにフォーカスして相手に伝えてみましょう。

元恋人のよい思い出ばかりが記憶に残るのはなぜだろう？

KEYWORD

防衛機制（抑圧） 記憶の7つのエラー

記憶はさまざまな要因でエラーが生じる

Nさんは新しい恋愛に踏み切れずにいますが、それは元カレのことが忘れられずにいるからです。元カレは食の好みも音楽の好みもファッションの好みもぴったりで、Nさんの弱いところもわかってくれているよき理解者でした。あんなに合う人にはもう出会えないかも……とNさんは思ってしまっています。

Nさんのように元カレのよかったところばかりを思い出す理由として、**防衛機制**による**抑圧**が働いていることが考えられます。心的ストレスを回避するために、元カレに関する不愉快な記憶や体験を無意識の領域に押し込んで忘れようとするものです。

また、アメリカの心理学者ダニエル・L・シャクターが提唱した**記憶の7つのエラー**によるものと考えることもできます。シャクターによると、人間は経験したことを正確に記憶することを求めておらず、うまく忘れることで多大な情報を得ても混乱することなく過ごせるようにしています。しかし、その代償として、次の記憶の7つのエラーが起きているというのです。

①物忘れ：記憶が時間の経過とともに薄れ、あいまいになっていくこと。
②不注意：別のことに気をとられるなどして、うっかり忘れてしまうこと。
③妨害：もう少しで思い出せそうなのに、他の記憶に邪魔されて思い出せないこと。
④混乱：情報自体は正しく記憶されているが、情報の出どころを間違えて記

憶してしまうこと。
⑤暗示：周囲から疑われたり批判され続けることで、記憶が変わること。
⑥書き換え：現在の状況や感情によって過去の記憶が歪められ、変化してしまうこと。
⑦つきまとい：忘れたい記憶やトラウマを継続的に思い出してしまうこと。
つまり、Nさんが「元カレはよき理解者であった」と記憶しているのは、Nさんの今の感情によって記憶が歪められ、書き換えが起きた記憶のエラーによるものである可能性があるのです。

今の不快な思いを緩和しようとする働きもある

さらに人はネガティブな気持ちになったときに、過去の幸せな記憶を思い出して不快な記憶を緩和しようとする働きがあることが、さまざまな心理学者の研究で明らかにされています。このことからNさんは元カレとの幸せな記憶ばかりを思い出して、心の傷を癒《いや》しているのだと説明できます。

記憶の7つのエラーの例

①物忘れ

・しばらく会っていない人の名前を忘れる
・数日前～数週間前に何を食べたか忘れる　など

②不注意

・遅刻しそうで慌てていたので、携帯電話を家に忘れる
・家を出たところで人に話しかけられたので鍵を閉め忘れる　など

③妨害

・手書きの書類を書いていたのだけれど、漢字を思い出せない
・テレビで見た芸能人の名前が思い出せない　など

④混乱

・ネットで見た話だと記憶していたのに、友だちから聞いた話だった　など

⑤暗示

・「あなたは、○○だった」といわれ続けているうちに、自分でもそうと思うようになる　など

⑥書き換え

・さみしさのあまり、元カレはすべてにおいてよき相手だったと思う
・部下の失敗を受けて、部下の過去の行為に対する評価も下げる　など

⑦つきまとい

・失敗した記憶を思い出すたびにドキドキしてしまう
・犬にかまれた記憶を思い出して、犬に近づけなくなった　など

両想いだとわかると逃げたくなる？

KEYWORD

蛙化現象

Hさんは大学時代の仲間との飲み会で、当時片思いをしていた先輩と数年ぶりに会いました。変わらず素敵な先輩に「先輩のファンだったんですよ〜」と軽い気持ちで話しかけると、「え、そうなの？　俺もHちゃんのこと、かわいいと思っていたんだよね」といわれて、連絡先を交換することになりました。その後、頻繁《ひんぱん》に連絡が来るようになると、Hさんはなぜか急に先輩をうとましく思うよ

うになってしまいました。

Hさんのように自分が一方的に好意を持っていると思っていた相手が、実は相手も自分に好意を持っていたとわかったとたんに、生理的に嫌悪感を抱くようになってしまうことを**蛙化現象**《かえるか》といいます。名称の由来はグリム童話の『かえるの王さま』で、蛙に変身させられていた王子様がもとの素敵な姿に戻り、王女様とハッピーエンドになるというお話です。蛙化現象はその逆で王子様のように見えていた異性が、蛙に見えて気持ち悪く感じてしまう現象をいいます。

蛙化現象が起きる理由としては、「恋愛をすることに意義を見いだせない」「恋愛をする自信がない」「今の関係が心地よい」といった心理が影響していると考えられます。

ヒント!

無理に恋愛をする必要はありませんが、蛙化現象ばかりで悩む場合は、相手をあこがれの王子様ではなく、パートナーとして受け入れてみるとよいかもしれません。

恋愛・男女

女性は共感が大事で、男性は行動や解決が大事？

KEYWORD

カタルシス効果　作動性　共同性

Aさんは今日、仕事でクレーム対応に追われてグッタリ。「大変だったね」となぐさめてほしくて夫に愚痴をこぼしたところ、「そんなことをしたら怒らせるでしょ。そういうときはこうするんだよ……」と説教じみたアドバイスをされて、余計にグッタリ。夫に話したことを後悔しました。

　Aさんのように女性が何かの問題について話すときは、共感を求めている場合が多いものです。これは、**カタルシス効果**を得るためだと考えられます。カタルシス効果は心の浄化作用ともいわれ、不安や悩み、怒りなどのネガティブな感情や葛藤を言葉にして表現することで、つらさが緩和されて安心感を得られるというものです。オーストリアの精神科医ヨーゼフ・ブロイアーが発見し、同僚であったフロイトが発展させて、精神分析療法として活用されるようになりました。一方、男性の多くは悩みを打ち明けられると、何か解決につながるアドバイスをしなければいけないと思いがちです。これは具体的な方法や理論を明らかにすることで、問題解決につながると考えているからです。

これらは一般的に社会から男性は**作動性**を求められ、女性は**共同性**を求められる傾向があるためといえるでしょう。心理学の研究によると、作動性とは能力を発揮して可能性を広げ、何かを達成していくための行動力や決断力、指導力、自己主張などのことをいいます。共同性とは、円滑な人間関係を築き、他者と親密に生きていくための気配りや貢献、愛嬌《あいきょう》、感受性、従順さなどとされています。

どうすれば失恋から立ち直れるのだろう

KEYWORD

喪の作業　PTG（心的外傷後成長）

喪失した悲しみを乗り越える喪の作業

Nさんが元カレと別れたのは1年前。しばらくは食事も喉《のど》を通らず部屋に閉じこもってばかりでしたが、友だちが遊びに誘ってくれたり、仕事が忙しかったりしたことで救われました。でも、まだ心から笑えていない自分がいます。

失恋や離婚、死別などといった喪失体験からの立ち直り方は、さまざまな心理学者の見解から学ぶことができます。

オーストリアの心理学者ジークムント・フロイトは、愛着や依存の対象を失う対象喪失が起きたときの、悲しい気持ちを乗り越える過程を**喪の作業**と名づけました。対象喪失をしたあとにさまざまな感情の出現を繰り返し、喪失した対象から心理的に離れていく心のプロセスのことです。これを、イギリスの精神分析学者ジョン・ボウルビィは次の4段階にまとめています。

第1段階：無感覚・情緒危機

1週間程度、無感覚の状態が続きます。対象喪失という強い衝撃に呆然《ぼうぜん》とし、現実として受け止めることができない状態です。

第2段階：否認・抗議

深い悲しみや嘆《なげ》きを覚えるものの、対象喪失を現実として受け止めることができず、対象への強い愛着が続いている段階です。喪失に対する怒りやむなしさがわき、抗議や否認の感情も現れます。

第3段階：断念・絶望

恋愛・男女

対象喪失を現実として受け入れ、愛着が断念されます。それによって心のあり方や生活に強い変化を求められ、絶望感や失意が大きくなります。

第4段階：離脱・再建

失った対象を穏やかに肯定的に思い出せるようになり、新しい人間関係や環境の中で立ち直る努力をし始めます。

人間的成長につながることもある

PTG（心的外傷後成長）という考え方も立ち直るための力になるでしょう。アメリカの心理学者リチャード・テデスキが提唱したもので、トラウマ的体験にあったときに、その体験に意味を見いだして人間的成長を遂げる現象のことです。テデスキの研究によると、心的外傷経験のある人の約90％がなんらかの成長を感じることがわかっています。例えば人間関係の変化や新しい可能性の気づき、長所の発見、精神的変化、人生に対する感謝などといったことです。

ボウルビィの喪の作業

①無感覚・情緒危機

強い衝撃に呆然としてしまっている。

……（何も考えられない）

②否認・抗議

強い愛着心や怒りがわいてくる。

どうしてこんなことに……
カレとヨリを戻したい……

③断念・絶望

現実として受け入れ、絶望感にさいなまれる。

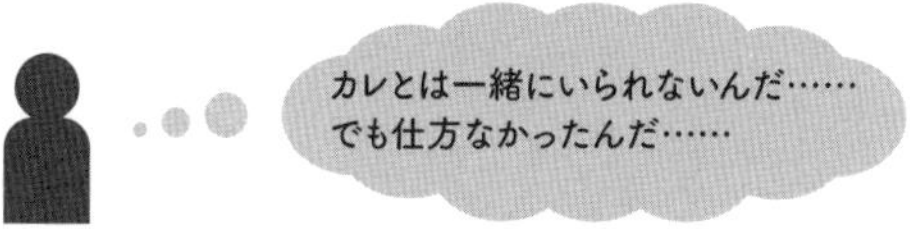
カレとは一緒にいられないんだ……
でも仕方なかったんだ……

④離脱・再建

新しい環境の中で立ち直ろうとする。

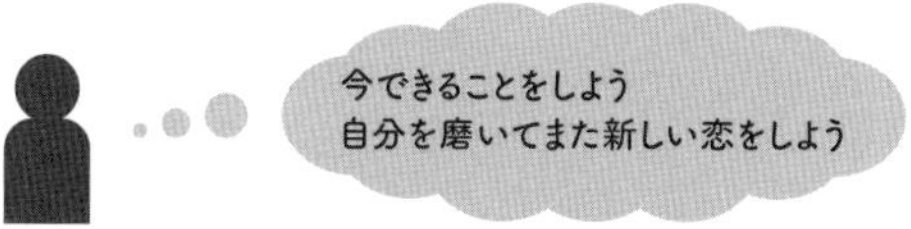
今できることをしよう
自分を磨いてまた新しい恋をしよう

なぜストーカーになる人がいるのだろう？

KEYWORD

親密追求型　無資格型　憎悪型　拒絶型　略奪型

ストッパーがきかない状態になる

Hさんの S N Sに、同級生だった男性から突然連絡が来ました。「ずっと好きだった」と一方的に告げられ、メッセージが1日に何度も来るように……。しかも、まるで彼氏になったかのような口調です。怖くなって無視していたら、「S N Sの写真で住所がわかったから会いに行くね！」とのメッセージが。

彼氏と同棲しているとうそをついて、なんとか思いとどまらせました。

強い恋愛感情や失恋によって相手のことばかり考えてしまったり、何も手につかなくなったりするのは誰にでも起こり得ることです。そして、何度も連絡してアプローチしたり復縁を求めたり、あるいは相手の顔が見たくなって家の近くまで行ってみる……などということをしてしまう人も中にはいるでしょう。しかし多くの人が相手の拒絶という現実を受け止めたり、時間の経過とともに気持ちを整理してあきらめたりすることで、言動をエスカレートさせずにすむものです。

一方、Hさんの同級生のようにストーカー化してしまう人は、このストッパーがきかない状態になっていると考えられます。

ストーカーは大きく5タイプに分けられる

オーストラリアの精神科医ポール・E・ミューレンは、ストーカーのタイプとして次の5つを挙げています。

①**親密追求型**

自分と相手が恋愛関係にあるという妄想を持っているタイプです。そのため、愛し合っているのにどうして会えないのか、誰かが2人の仲を引き裂こうとしているのではないかなどといった感情が膨らみます。その感情から逆恨みをして、過激な行動に出ることもあります。

②**無資格型**

相手の立場で考えることができず、自分の欲求を一方的に押しつけるタイプです。そして、相手が自分の好意に応えてくれないと、逆上して過激な行動に出ることがあります。

③**憎悪型**

相手に嫌がらせをすることで、相手を支配しているという満足感を得ようとするタイプです。勝手な被害妄想でターゲットを選ぶことがあるため、面識のない相手であることも少なくありません。

④**拒絶型**

ストーカー規制法の規制対象行為（2023年7月現在）

①つきまとい、待ち伏せ	②監視していると告げる
③面会や交際の要求	④乱暴な言動
⑤連続した電話やメッセージなど	⑥汚物などの送付
⑦名誉を傷つける	⑧性的羞恥心の侵害
⑨許可なく位置情報を取得する	⑩許可なくGPS機器などをとりつける

ストーカーは対処によって過激化することもある。警察だけでなく、専門機関の窓口や弁護士へ相談をすることも対策の1つ。

元恋人、元配偶者と別れたことを認められず、なんとかヨリを戻したい一心でつきまとい行為をするタイプや、「自分は捨てられた」「拒絶された」という被害者意識で相手への憎しみをつのらせるタイプです。

⑤略奪型

レイプなどで性的に相手をいたぶることを目的にしてつきまとうタイプです。

また、ストーカー化のリスク因子としては、洞察力の欠如、愛着関係の歪み、共感性の欠如、怒りっぽい、社会的スキル不足、逸脱した性的嗜好、言語能力不足などが挙げられています。

なぜ家族のことを周囲の人に悪くいってしまうのだろう

KEYWORD

自己肯定感　防衛機制（反動形成）　世代間連鎖　疎外感

Aさんのママ友は、会うたびに夫や子どもの愚痴をこぼしてばかりです。「うちのダメ夫が」「できの悪い息子が」といかにも困った様子で話します。でも、本当は「そんなことないよ〜」と否定してほしくていっているのかなと思ってしまいます。

Aさんの分析のとおり、このママ友のように家族の悪口を他者にいう人は、自分や自分の環境に対する**自己肯定感**が低いため、あえて卑下《ひげ》して他者から「そんなことないよ！」と否定してもらうことで安心したい、自己肯定感を持ちたいという心理が働いていると考えられます。また、他者から低く評価されるかもしれないという強い不安を抱いているので、先に自虐をすることで自分を守ろうとする**反動形成**という**防衛機制**が働いているともいえます。

日本人特有の謙遜という場合もあります。本心ではないけれど、建前で自分の家族を卑下することで、相手を立てようとするパターンです。

一方、性格的に家族も含めた他者をほめることができない人もいます。その人自身が他者からほめられた経験に乏しいとか、けなされるようなことばかりをいわれて育ってきてしまったため、ほめ方がわからず、悪口をいうことしかできない歪んだ愛情表現を身につけてしまっている場合があるのです。これは**世代間連鎖**（↓143ページ）といわれるものです。

また、家族から**疎外感**を感じている人は、他者から同情や共感を得ることで、家族以外の人に味方になってほしいと思っているケースもあります。

コラム
5

心理学者紹介

アルフレッド・アドラー

(Alfred Adler, 1870〜1937)

アルフレッド・アドラーはオーストリアの精神科医で、フロイト、ユングと並び、臨床心理学の三大巨頭と呼ばれる一人です。劣等感を重視し、個人心理学(アドラー心理学)を創始して、現代のパーソナリティ理論や心理療法の確立に寄与しました。自己決定性、目的論、全体論、認知論、対人関係論という5つの理論、勇気づけの技法、共同体感覚(他者や世界とのつながりの中で生きている感覚)という価値観を提唱しています。

アドラーはウィーン郊外で、ハンガリー系ユダヤ人で穀物商を営む父とチェコスロヴァキア系ユダヤ人の母との間に六人兄弟の次男として生まれました。幼い頃は声帯のけいれんやくる病に苦しみ、肺炎で死にかけたこともありました。また、弟を病気で亡くしています。この経験から医師を目指し、ウィーン大学で医師の資格を得ます。最初は眼科医として働き、その後は病院を開業して一般医療に従事するようになりました。

次第に心理学に関心を持つようになり、フロイトの研究グループに参加していた時期もありますが、意見の違いからフロイトと対立してしまいます。そして、仲間とともに個人心理学会を設立し、精神科医として活動するようになりました。共同体感覚の重要性を感じるようになったのは、第一次世界大戦中に従軍医師として活動したことがきっかけといわれています。戦後には、世界最初の児童相談所をウィーンに開設。晩年はアドラーの思想が絶大に支持されたアメリカに移住し、精力的に講演活動などを行いました。

第6章

職場の人間関係に関する心理学

多数派の意見が「正解」と感じやすいわけ

KEYWORD

同調　斉一性の圧力　沈黙の螺旋

インフルエンザが流行している時期に、Nさんの会社で新人歓迎会が開かれました。参加者の一人が「ちょっと熱があるかも」と懸念を示していたのですが、他の参加者は「その程度の熱なら大丈夫」「今後のためにみんなで親睦を深めようよ」などといった意見で一致し、開催されることになりました。Nさんは感染しないかすごく心配だったのですが、他の全員がやる気満々だったので、N

さんも「きっと私が心配しすぎなんだ。みんなが大丈夫というなら問題ないだろう」と思い、何もいわずに参加しました。

このように、多数派の意見に自分の意見を合わせてしまうことを**同調**といいます。アメリカの心理学者ソロモン・アッシュの同調実験によると、ある問題に対して参加者以外の回答者（サクラ）が間違った答えを選んだ場合、参加者は明らかに間違っていると認識していても同調しやすくなることがわかっています。これを**斉一性《せいいっせい》の圧力**といいます。

また、自分たちが多数派だと認識している側は雄弁になる傾向があり、少数派と認識している側は孤立をおそれて沈黙する傾向があります。こうして多数派が優勢という印象が増していく、**沈黙の螺旋《らせん》**という現象もあります。

ヒント！

少数派の意見を聞いてもらうためには、多数派の仲間であることを示すような共通項を見つけて強調すると受け入れられやすくなります。

職場の人間関係

なぜ周囲に合わせて同調してしまうのだろう

KEYWORD

集団凝集性　規範的影響　情報的影響

　Sさんの会社で新商品のパッケージデザインを決める会議が行われ、Sさんも出席しました。X案とY案の2つで検討が進められたのですが、営業担当として取引先や消費者の声も知るSさんは「Y案のほうが絶対によい」と思っていました。しかし、直属の上司や親しい同僚など多くの参加者がX案を支持し、X案をもとにした広告展開などのアイデア出しまで行われて盛り上がってしまっ

ため、Sさんも周囲に合わせてX案を支持しているふりをしました。Sさんが参加者の言動やその場の流れを見て、X案支持のふりをしたことも同調（↓193ページ）が起きたといえます。同調が起こりやすい原因の1つとして、**集団凝集性**があります。集団のまとまりの強さのことで、まとまりが強いと集団の輪を乱したくないと思って、同調してしまうことがあるのです。これを、**規範的影響**を受けた同調といいます。他方で、「自分の立場が守られる」「仲間として認められる」など、多数派の判断に合わせると自分にメリットがあると考えて同調することを**情報的影響**といいます。

Sさんが違う意見を持っていたにもかかわらず、会議の流れやよい雰囲気を乱すことをおそれて同調したのは、メンバーの集団凝集性が強かったからといえるでしょう。

ヒント！

多くの人たちとの協調が求められる公の場では、同調が起こりやすくなります。少数派の意見を主張したいときは、個別で話すとよいでしょう。

職場の人間関係

「人は権威に弱い」は本当か?

KEYWORD

ミルグラム実験(アイヒマン実験)

権威に弱く服従しやすい傾向がある

Sさんは他部署に苦手な人がいます。理詰めで相手を論破しようとするところが鼻につくからです。しかし、彼と同じ部署の同僚から、「あの人は国立大学の医学部出身という、異色の経歴の持ち主なんだよ」と聞いてびっくり。その後の会議では、彼の話を妙に納得しながら聞き入ってしまいました。

Sさんが「国立大学の医学部」というワードを聞いて印象を翻《ひるがえ》したのは、権威を感じた影響といえます。権威とは、医師や弁護士、その業界で地位のある人、高学歴の人、社会的地位のある人、大きな組織、そしてそれらが出す情報などのことです。人は権威に弱く、服従しやすい傾向があるとされています。

状況によっては、残酷なことでもしてしまうことがある

アメリカの心理学者スタンレー・ミルグラムは、権威に服従する心理を検証するための実験を行いました。まず、白衣を着て権威がありそうな雰囲気を醸《かも》した博士役が、参加者に「先生役と生徒役に分かれて、体罰と学習効果の測定を行います」と伝えます。実際の参加者は先生役の人のみで、生徒役は実験の仕掛け人です。先生役が問題を出し、生徒役が答えを間違えた際には罰として電気ショックを与えます。そして、生徒役が間違いを繰り返すごとに電気ショックの強さを上げていくのです。電気ショックのスイッチは30

段階あって電圧の強さごとに「15ボルト（軽度の衝撃）」「75ボルト（非常に強い衝撃）」などと表記され、最大のものは「450ボルト（XXX）」となっていました（XXXは致死量を表す）。

実際には先生役がスイッチを押しても生徒役に電気は流されませんが、生徒役は痛がって悲鳴を上げたり、気絶したりする演技を行いました。このような残酷な実験であったにもかかわらず、なんと先生役の参加者のうち61〜66％の人たちが博士役からの最初の指示通りに最大の電気ショックまで与える結果となったのです。人は権威があると認識している人の指示を受けると、残酷なことでもしてしまうことが明らかになりました。これを**ミルグラム実験**といいます。

この実験は、ナチス・ドイツでユダヤ人の大量虐殺に手を下したアドルフ・アイヒマンの裁判が始まった1年後に行われました。アイヒマンは「自分は命令に従っただけだ」と主張しており、その主張を実証するための実験として**アイヒマン実験**とも呼ばれています。

ミルグラム実験

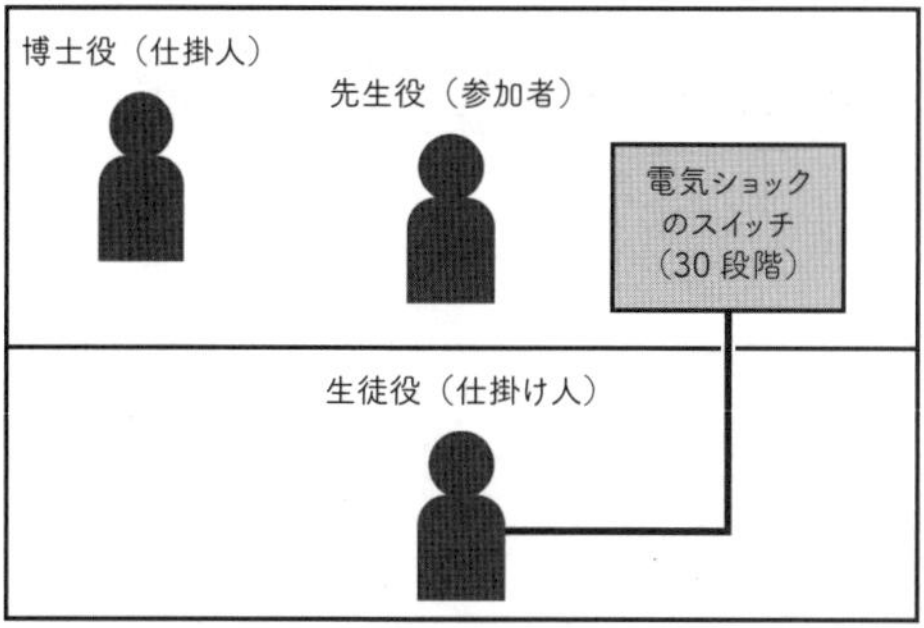

●実験の概要

・参加者は先生役のみで、博士役と生徒役は仕掛け人。先生役と生徒役は別室に分かれている。
・博士役が実験の進め方を説明する。
・「15ボルト（軽度の衝撃）」から、「450ボルト（XXX＝致死量）」まで30段階の電圧のスイッチを用意。
・先生役が出題し、生徒役が答える。生徒役が1問間違えるごとに、先生役は電気ショックの電圧を1段階ずつ上げて流す。

博士役は先生役が実験の続行を拒否した場合、次のように通告していた。
①続行してください。
②この実験は、あなたに続行していただかなくてはいけません。
③あなたに続行していただくことが絶対に必要なのです。
④他に選択肢はありません、あなたは続けるべきです。
①～④を通告しても先生役が拒否をしたときは、
⑤体に後遺症を残すことはありません。責任は我々がとります。

先生役のうち61 ～ 66%の人たちが
最大の電気ショックまで与える結果となった！

職場の人間関係

間違いに気づいても
そう簡単には引き返せない？

KEYWORD

現状維持バイアス **サンクコスト効果**

Sさんはある日、とある大企業が経営破綻をしたというニュースを目にしました。破綻の原因は、経営陣が時代の変化に合わせて会社の古い体質を変えられなかったこと、赤字を垂れ流していた事業から撤退できなかったことなどという説明を聞いて、自分の会社の上層部の顔が頭に浮かびました。

人が新しいものや未経験のものを受け入れられないのは、**現状維持バイアス**が働くためです。理屈に合っておらず、たとえ利益にならない状況に陥っていたとしても、人は新しいものをとり入れるよりも、今ある現状を維持するほうを選びがちということがわかっています。

また、今までに費やしてきたお金や時間、労力などを無駄にしたくないという気持ちや自分たちは正しく対応してきたと思いたい気持ちから、現状を見て合理的な判断を下すことができなくなることもあります。これを**サンクコスト効果**といいます。

サンクコストは埋没費用《まいぼつひよう》ともいい、すでに支払い、とり戻すことができない費用をいいます。ビジネスや株式など何かしらの投資を行ったものの、うまくいく見込みがない場合、それまで支払ったコストは忘れて撤退したほうがダメージが少なく済むケースが多いものです。しかし、「もったいない」「とり戻したい」という心理が働き、あまり見込みのない投資を続けて、さらにダメージを深めてしまうことがあります。冒頭の大企業が経営破綻した理由の1つは、サンクコストの見誤りにあったのでしょう。

職場の人間関係

集団で会議をすると意見が偏りやすくなる？

KEYWORD

集団分極化　集団極性化　リスキーシフト　コーシャスシフト　集団的浅慮（グループシンク）

リスクをとりやすくなるか、安全性の高い選択をするか

Sさんの会社では、従来の定番商品を継続して販売するかどうかについて検討を進めています。Sさんはかつてほどの利益が出ていなくても、安定した売上のある商品は継続すべきと考えました。しかし会議で話し合ったところ、新たな挑戦を望む意見が多く、利益も安定性も未知数であっても新商品に刷新

していくことで、購買層を広げるのが重要という結論になりました。

このように個人で検討したことより、集団で検討したことのほうが、意見が極端な方向に偏《かたよ》ることがわかっています。この現象を心理学者のセルジュ・モスコビッチとマリサ・ザバロニは**集団分極化**あるいは**集団極性化**と提唱しました。

実験では、アメリカンフットボールの試合で、残りワンプレー時の人間の判断を研究しました。参加者は確実なプレーをして同点で終わるべきか、失敗して負けるおそれもあるプレーをしてでも勝ちをとりにいくべきかという2つの判断から選択します。そして、個人と集団それぞれに意見を聞いた結果、集団で検討したほうがリスキーな選択をとることがわかりました。このようにリスクが高いものを選びやすいことを、**リスキーシフト**とよびます。リスキーシフトは、リスクの高い判断をしがちな反面、自分一人では勇気が出ないことにも挑戦できるため、それまであった壁を乗り越えたり、大きな成果を得られたりするメリットもあります。

さらにさまざまな研究者による追試が重ねられる中で、リスキーシフトとは逆の、より安全性の高い無難な意思決定をする現象も発見されました。これを**コーシャスシフト**とよびます。

集団になると間違えやすくなる？

集団極性化が起こる理由として、1つは同調（↓193ページ）が働いた結果によるものと考えられています。多数派の意見に流されてしまうのです。もう1つは、社会的比較理論（↓121ページ）によるものとも考えられます。他者と比べて自己評価をするために考えが極性化するのです。

また、アメリカの心理学者アーヴィング・ジャニスは、個人では正しい判断ができるのに、集団になると誤った判断をしてしまうことを**集団的浅慮（グループシンク）**と提唱しました。集団の結束力が高いほど発生しやすいと考えられており、自分たちの集団が持つ能力への過信や外集団への偏見、不都合な情報の遮断といったことによって引き起こされます。

リスキーシフトとコーシャスシフト

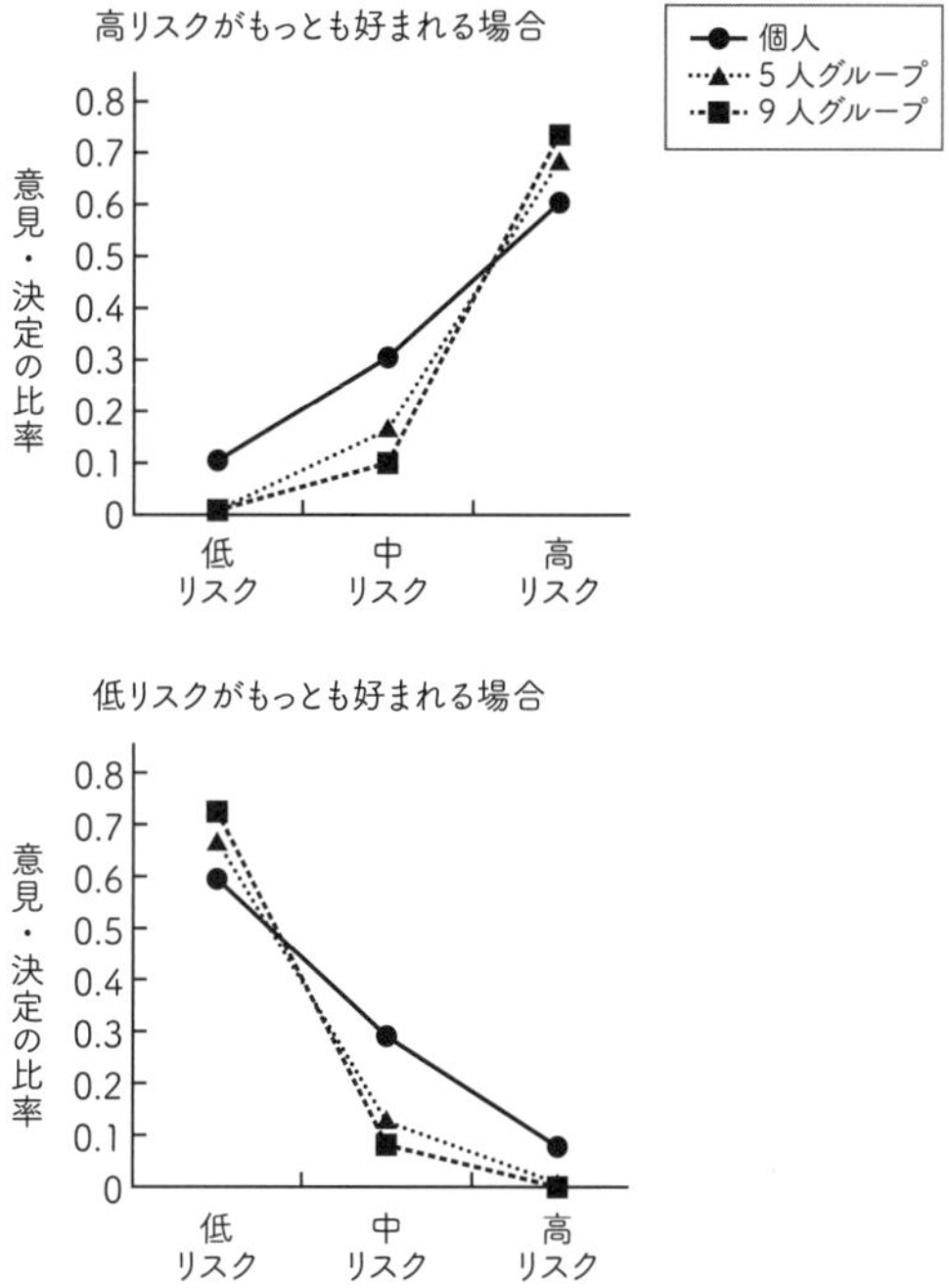

個人、5人グループ、9人グループへそれぞれ同じテーマを与え、意思決定の内容を比較したもの。どちらの場合も、集団の人数が多いほうが極端な意見にふれたことがわかる。

出典：『複雑さに挑む社会心理学』亀田達也・村田光二（有斐閣）

仲間がいることで効率が上がる場合、効率が下がる場合

KEYWORD

社会的手抜き（リンゲルマン効果） 社会的促進 社会的補償

他の誰かがやってくれるだろう

Sさんの会社では、新商品のPRイベントを催すことになりました。各部署から2名ずつ集められ、Sさんもメンバーに加わりました。しかしみんな通常業務もあるためか、「自分がやらなくても他の人が頑張ってくれるだろう」と思っているようで、なかなかイベントの準備は捗《はかど》りませんでした。

このように他者と共同で作業を行うとき、単独で行うよりも手抜きが生じてしまうことを、フランスの農学者マクシミリアン・リンゲルマンは**社会的手抜き**と名づけました。その名をとって、**リンゲルマン効果**とも呼ばれています。さらに、アメリカの心理学者ビブ・ラタネによると、一緒に作業する人数が増えるほど手を抜くようになることもわかっています。ラタネはこれを定式化し、社会的インパクト理論を提唱しました。社会的インパクト（他者の存在の影響度）＝影響力の強度（地位）×他者との距離（時間的、空間的な接近）×他者の人数としています。集団になると手を抜いて効率が下がるのは、自身の貢献度がわかりづらく、個人の責任が小さい場合に顕著になります。

簡単な作業であれば、集団のほうが効率が上がる？

仲間がいることで効率が上がる場合もあります。アメリカの心理学者ゴードン・オルポートは、集団で作業をすると、同じ作業をする他者の存在が刺激になり、個人で作業するよりも効率や成績が向上するという現象を実証しました。これを**社会的促進**といいます。ただし、作業は簡単なものであれば促進され、複雑な作業になると抑制されることがわかっています。

さらに、アメリカの心理学者ロバート・ザイアンスがその促進と抑制の原理を研究し、他者を意識して緊張感が生まれると心のエネルギーがアップすること、経験の度合いや得手不得手により作業の促進と抑制が決まることを説いています。

社会的補償によって効率が上がる場合もあります。作業の成果が自分にとって重要なものであり、なおかつ一緒に作業をする他者が信頼できない場合に、努力量が増えて頑張ることがあるというものです。

ヒント！

社会的手抜きを防止するには、一人ひとりの成果を可視化しましょう。自己効力感が高まり、動機づけが維持されることで効率が上がります。

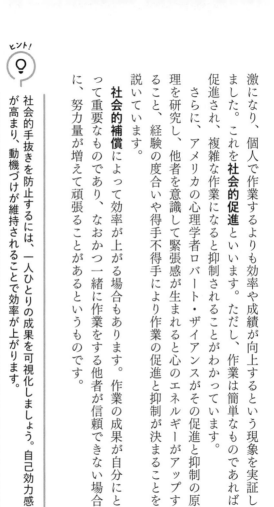

社会的インパクト理論

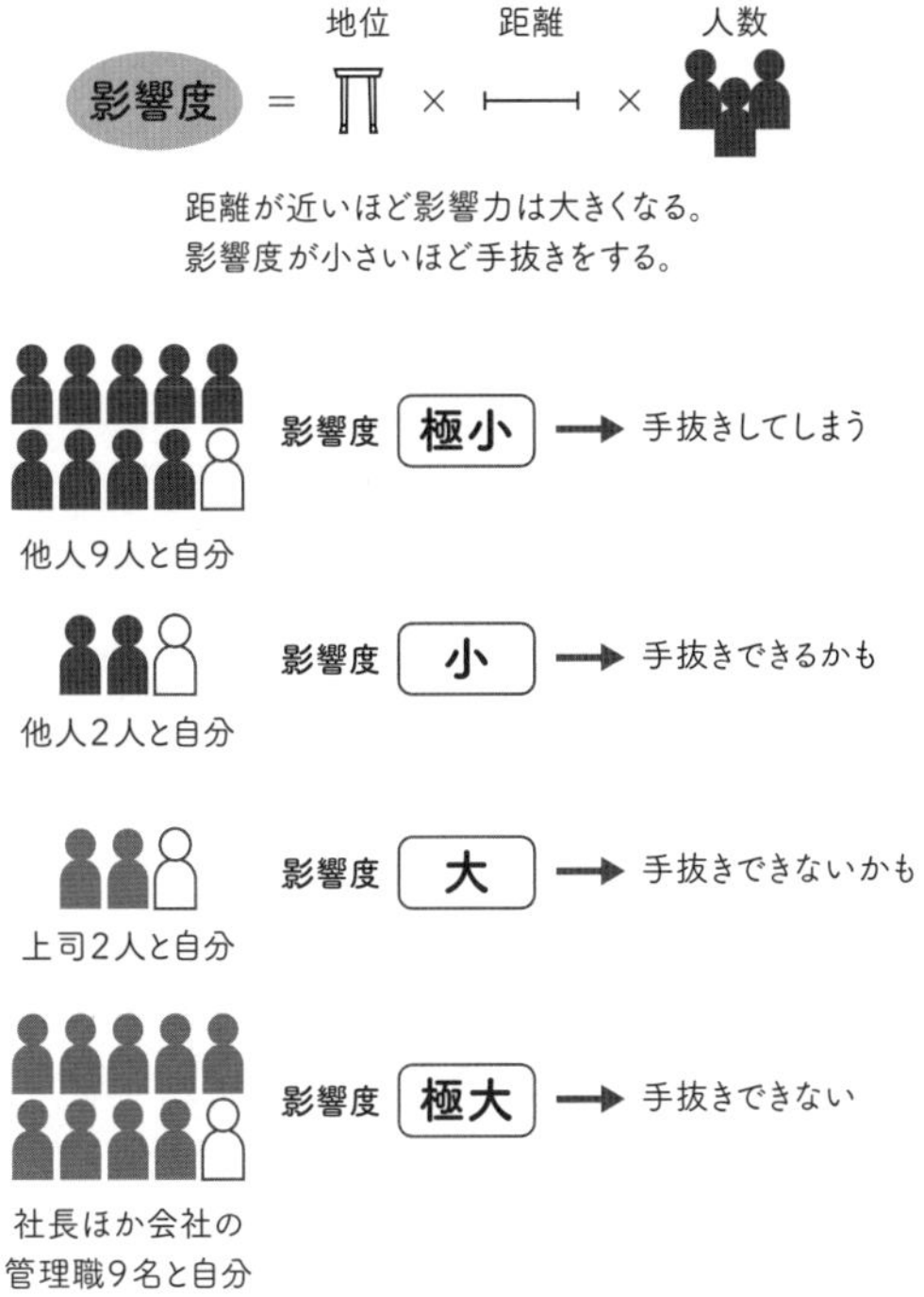
地位
距離
人数
影響度 = × ×
距離が近いほど影響力は大きくなる。
影響度が小さいほど手抜きをする。
影響度 極小 → 手抜きしてしまう
他人9人と自分
影響度 小 → 手抜きできるかも
他人2人と自分
影響度 大 → 手抜きできないかも
上司2人と自分
影響度 極大 → 手抜きできない
社長ほか会社の
管理職9名と自分

立場や肩書きが人を変える？

KEYWORD
権力の腐敗

Sさんは熱心な仕事ぶりとこれまでの成績が評価され、年上の先輩よりも先に課長に昇進しました。部下となった先輩への遠慮があったのは最初だけ。徐々に自分でも不思議なほど管理職の立場から、経営的な目線で発言するようになっていました。

アメリカの心理学者デヴィット・キプニスの実験によると、人は権力を持つと行使したくなり、権威主義的になることがわかっています。しかも、権力を多く与えられた人は、限られた権力しか与えられなかった人と比べて、「頻繁《ひんぱん》に権力を行使する」「部下の頑張りを評価しない」「部下の業績を自分の業績にする」「部下と距離をとる」などといった行動が見られました。そして、権力を多く与えられた人全員が同じようにこのような行動をとったことから、人は与えられた権力が大きいほど行使したくなり、権威主義的になることが明らかになりました。この現象は、**権力の腐敗**と呼ばれています。

Sさんが課長になってから、部下となった先輩に遠慮せずにいられるようになったのも、管理職として経営的な目線から発言するようになったのも、この権力の腐敗によるものかもしれません。

ヒント！

嫌な上司にならないために、権力の腐敗は誰にでも起こると意識しましょう。できる上司は部下に敬語を使ったり、意見を尊重したりしているものです。

ほめて伸ばすか、叱って改善させるか

KEYWORD

オペラント条件づけ

Hさんは取引先の担当者から、「Hさんは仕事が丁寧なので安心します。頼りにしていますね」といわれました。思いがけずうれしい言葉をもらい、もっと丁寧に取り組んで、お役に立てるように頑張ろうと意欲がわきました。

このときのHさんには、アメリカの心理学者バラス・スキナーによって提唱された**オペラント条件づけ**が起きたと考えられます。報酬や懲罰によって自発的な行動を促そうというものです。
報酬や懲罰を与える方法はさまざまですが、報酬としては認める、感謝する、ほめるなどがあります。一方、懲罰には否定する、叱るなどがあります。他者からほめられると自分の言動に自信を持てるので、そのあとも同じ言動をし続けるようになります。報酬を得ると、その行動が強化されるのです。逆に他者から否定されると自信がなくなり、新たな考えや方法を試すなど言動を変えるようになります。懲罰を与えられるとその行動が弱化され、同じ行動をとりにくくなるのです。
そのため、同じ行動を続けてもらいたいときは報酬的な言葉がけをするのが効果的です。もし改善したり新しいことを生み出したりしてほしい場合は、意図的に弱めに懲罰的な言葉がけをするのも手かもしれません。

ヒント！

いわゆる「ほめて伸ばす」やり方はオペラント条件づけの1つです。部下や子どもに対して、まずは「できていること」に注目してほめてみましょう。

職場の人間関係

どちらか一方だけが得をする関係は続かない

KEYWORD

社会的交換理論　囚人のジレンマ　安心社会・信頼社会

与えたことに対する報酬がないという問題

Rさんはアルバイト仲間に急用ができたときは、お互いさまと思ってシフトを代わってあげていました。しかしRさんが代わりを頼みたいときに限って、あるアルバイト仲間は都合が悪いといって断り続けています。わざとではないと信じたいものの、そのアルバイト仲間に嫌悪感を抱くようになりました。

Rさんがアルバイト仲間に嫌悪感を抱くようになったのは、アメリカの社会学者ジョージ・ホーマンズが提唱した**社会的交換理論**が成り立っていないと感じたからと考えられます。人が相手に何かを与えるとき、その行為に対する報酬を得ることで人間関係や社会・経済が成立しているという理論です。

Rさんが「何度もシフトを代わったこと」に対する報酬を得られていないと感じたことで、2人の関係が成り立たなくなってしまったといえます。

協力したほうが得なのに、それができなくなるジレンマ

協力関係に関する理論では、**囚人のジレンマ**も有名です。数学者アルバート・タッカーが考案したもので、お互いに協力するほうが協力しないよりも有益な結果がもたらされるとわかっていても、協力しない者が利益を得る状況だとわかると互いに協力しなくなるというジレンマです。

よく出される命題が、共犯で捕まった囚人2人に対する取り調べの場面であることから、囚人のジレンマと呼ばれます。例えば、それぞれに「①お互

い黙秘すれば2人とも懲役3年」「②一人だけ自白したら自白したほうは釈放し、黙秘したほうは懲役10年」「③2人とも自白したら2人とも懲役5年」と伝えたとします。2人はともに同じ条件を伝えられたことはわかっていますが、会って相談することはできません。この場合、相手が黙秘をした場合、自分は「黙秘→懲役3年、自白→懲役0年」なので自白したほうが得です。相手が自白した場合、自分は「黙秘→懲役10年、自白→懲役5年」なのでやはり自白したほうが得です。このように会って相談できない場合は、2人とも自白する③の結果となってしまいがちです。

しかし、囚人のジレンマは何度も繰り返しているうちに、相手を信頼して裏切らないほうが得だということが互いにわかってきます。先の囚人のジレンマの場合だと、①の「ともに黙秘する」では、2人の懲役は合計6年となって一番短くなります。長期的な関係を築きたい相手とは、互いに信頼して協力し合うのが得策となるのです。

心理学者の山岸俊男は、この囚人のジレンマを解決するのは**安心社会**と**信**

囚人のジレンマ

		犯人B	
		黙秘する	自白する
犯人A	黙秘する	①ともに懲役3年	②Aは懲役10年 Bは釈放
	自白する	②Aは釈放 Bは懲役10年	③ともに懲役5年

相手がどちらを選ぼうが、自分は自白したほうが得となる。その結果、2人で協力すればともに懲役3年で済んだものが、2人揃って懲役5年となってしまう!

頼社会という2つの社会秩序だと提唱しています。

ここでの安心とは「相手が〝自分も損をするからだまさない〟と考えることへの期待」で、信頼とは「相手が〝だますことはよくない〟と考え、自分に対しても〝この人はだましたくない〟と思っていることへの期待」です。日本は村社会や終身雇用など、継続が保証され、守られた所属関係の中で互いに抑止し、協力し合う安心社会が成り立ってきました。しかし、アルバイトや派遣労働者の増加、転職によるキャリア形成の広がりといった働き方の多様化など、社会の変化とともに見ず知らずの人同士でも互いにだまさないと期待し合い、協力関係を結ぶことができる信頼社会へ変わることが重要だとしています。

男性の育休はなぜ浸透しない？

KEYWORD

ジェンダーバイアス　**システム正当化バイアス（理論）**

Sさんはもうすぐ子どもが生まれるという部下に、育休を申請するように伝えました。しかし、部下は「妻は里帰り出産をするので大丈夫です」といって育休を申請しないようです。職場の人手不足を懸念していたSさんは内心ほっとしていました。

男性の育休取得が大きく普及していない要因はさまざまですが、**ジェンダーバイアス**や**システム正当化バイアス（理論）**が考えられます。

まず、ジェンダーバイアスとは、伝統的な男女の役割に無意識のうちにしばられてしまうことです。そのため、男女平等の共働きがあたり前という世代であっても、夫が長期の育休をとったり妻が働き頭だったりするなどの状況において、「男としてそれでいいのか？」「この先、大丈夫なのか？」と考えてしまっているのです。

次にシステム正当化バイアス（理論）とは、現状のシステムこそが最も適切であると見てしまう認知バイアスをいいます。システム正当化バイアスによって、これまで多くの人がしてきた働き方こそが最も適切だと考えるために、「育休＝自分本位に仕事に穴をあける」などの認識が容易にはぬぐえないのです。

ヒント！

これらのようなバイアスが根づいているシステム自体を変えていく必要があるでしょう。Sさんが抱いたような懸念に対して社会や会社が対処し、取り組んでいくことが求められています。

職場の人間関係

なぜ自分を犠牲にしてまで頑張ってしまうのか

KEYWORD

ワーカホリック　アダルトチルドレン　感情管理・感情労働

仕事から離れると不安を感じてしまう

Sさんの直属の上司が体調を崩して休職してしまいました。いつも明るくて、気配り上手で努力家で、仕事のできる人で、心の中で師と仰いでいただけに大ショック。理由は過労だと聞いて、Sさんは何かしてあげられることはなかったのかと、自分を責めてしまいました。

Sさんの上司のように自分

を犠牲にしてまで仕事を頑張ってしまう状態を、**ワーカホリック**といいます。仕事中毒という意味です。仕事から離れると罪悪感や不安を抱いてしまい、それを回避するために仕事をせざるをえないという切羽詰まった気持ちで仕事をする状態をいいます。

一方、ワークエンゲージメントという言葉もあります。ワークエンゲージメントとは、「楽しい！」というポジティブな感情を持って仕事に熱中する状態をいいます。

ワーカホリックの人は自分を追い込み、寝る間も惜しんで働きます。それによるオーバーワークに、自分で気づけていないことも少なくありません。そして不眠やうつ、自律神経失調症、摂食障害、突発性難聴、狭心症、パニック障害などの発症につながり、過労死に至ることさえあります。

依存症タイプやアダルトチルドレンタイプであることもある

ワーカホリックに陥る要因はいくつかあります。外的要因としては、残業すべきという雰囲気が会社にある、上司がパワハラ気質で成果主義である、休日でも関係なく仕事の連絡がある、人手不足で個々の負担が大きいなどといったことが挙げられます。そのため、「もっと働かなければならない」という強迫観念が生じて仕事漬けになるというパターンです。

内的要因としてはまじめ、完璧主義、結果重視、負けず嫌い、承認欲求が強い、上昇志向が強い、人の顔色をうかがう、気をつかいすぎる、頼まれごとは断れない、人に迷惑をかけたくないという思いが強い、気持ちの切り替えが下手、仕事以外に没頭できるものがないなどが挙げられます。

また、依存症タイプや**アダルトチルドレン**タイプ（→143ページ）の人である可能性も指摘されています。アダルトチルドレンとは、アメリカの心理学者クラウディア・ブラックが提唱した概念です。「抑圧された子ども心」という意味で、子どもなのに大人のようにたくさん気苦労をしてきた人たちをいいます。

アダルトチルドレンの人は気配りのできるやさしい人、我慢強い人、頑張り屋さんとして、周囲からの評価が高い傾向にあります。しかし、それは幼少期に気苦労を強いられる家庭環境で育ったためです。親などから深い愛情をかけてもらえなかったために自尊感情が低く、それゆえに周囲から好かれようとして無理をしたり、いいなりになったりしてしまうのです。さらに「嫌われないようにしなくてはいけない」「場の空気をよくしなくてはいけない」と必要以上に気をつかうので、「自分さえ我慢すれば」「自分が頑張りさえすれば」と自分を追い込むような思考に陥ってしまいがちです。

本心と状況に矛盾が生じ、本心のほうを歪めているケースもある

勤め先がブラック企業であるにもかかわらず、そこから逃げ出すことなく、自己犠牲をして頑張り続けてしまう人がいます。このような人たちの心理として、感情のコントロールによって物事の意味づけを変えることで、その状況や自分の行動を正当化し、とどまってしまっている場合も考えられます。感情は、自分次第でプラスにもマイナスにもなるのです。

ブラック企業で働く人の例でいうと、「過酷な状況から逃げ出したい」という本心と、「クライアントや同僚などに迷惑がかかるからすぐには辞められない」などといった状況の矛盾が生じたとします。このとき、状況を変えるほうが難しいとなると、本心のほうを「過酷だけどやりがいがある」「社会貢献をしている価値ある仕事」「この状況を乗り越えれば、自分は成長できる」などと意味づけを変化させて正当化することで、働き続けてしまうのです。加えて、強いストレス下にいると心の視野も体の視野も狭くなって、悪い状況から抜け出せなくなるといわれています。

アメリカの社会学者アーリー・ラッセル・ホックシールドは、周りの人や状況に応じて本当の感情を修正することを**感情管理**と定義し、特に職場への適応や、営業・接客など職務のために本当の感情を修正しなければならない労働を**感情労働**と提唱しました。感情管理は円滑なコミュニケーションや対人関係の安定に必要なものですが、負荷が大きく本心ではつらいと感じていることが長期にわたると、心身の不調を起こしかねないので注意が必要です。

ワーカホリックとワークエンゲージメント

ワーカホリック

仕事から離れると罪悪感や不安を抱くため、仕事をせざるを得ないという気持ちで仕事に没頭してしまう状態。

（外的要因）残業の常態化や成果主義の企業風土、パワハラ気質の上司など

（内的要因）完璧主義、結果重視、負けず嫌い、承認欲求が強い、上昇志向が強いなど

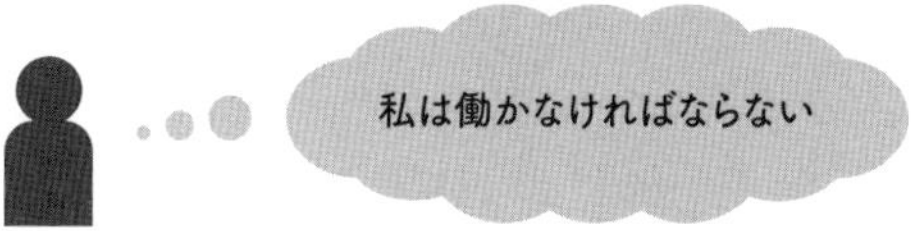

ワークエンゲージメント

「楽しい！」というポジティブな感情を持ち、充実した気持ちで仕事に熱中している状態。

・仕事から活力を得てイキイキとしている（活力）
・仕事に誇りとやりがいを感じている（熱意）
・仕事に熱心に取り組んでいる（没頭）

の3つが揃った状態とされる。

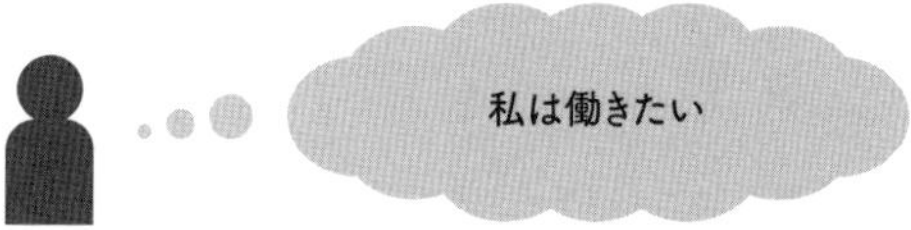

転職を繰り返してしまう人の心理とは

KEYWORD

青い鳥症候群　ピーターパン症候群

Sさんは弟から「また転職した」と報告を受けました。20代後半で4社目です。Sさんも一度転職したので、気持ちはわからなくもないのですが、「さすがにちょっと多いのではないか。大丈夫かな」と心配になりました。

理想の職場を求めて転職を繰り返し、どこにいても満足できない心理状態を**青い鳥症候群**と呼びます。精神科医の清水将之がモーリス・メーテルリンクの童話「青い鳥」になぞらえて提唱しました。自分をもっと評価してくれるところ、もっと能力を発揮できるところがどこかにあるはずだと考えることです。根拠なく自分の能力を過信しているために、今の現実を受け入れることができない状態といえます。しかし実際に具体的な目的があるわけではないため、どんなに転職を繰り返しても理想の職場は見つからず、ひどいときには精神的に病んでしまうこともあります。

また、アメリカの心理学者ダン・カイリーが定義した**ピーターパン症候群**と呼ばれるものもあります。仕事や結婚、育児などの大人社会から逃避したい、責任を持ちたくないという心理状態です。イギリスの小説に登場するピーターパンが、「大人になりたくない」と考えていることになぞらえて名づけられました。転職を繰り返す人だけでなく、フリーターやニートの生活から抜け出せない人は、ピーターパン症候群かもしれません。実際に言動が子どもっぽく、社会的、精神的、性的な問題を引き起こしてしまう人もいて、パーソナリティー障害と診断されることもあります。

コラム 6

心理学者紹介

アブラハム・マズロー

(Abraham Maslow, 1908〜1970)

アブラハム・マズローはアメリカの心理学者で、アメリカ心理学会会長を務めた人です。欲求階層論（マズローの欲求5段階説）、高次欲求論、自己実現論、創造性論、経営論、神学論などを提唱しました。

中でも有名なのが欲求階層論で、人間の欲求は生理的欲求、安全欲求、社会的欲求、承認欲求、自己実現欲求の5つからなる基本的欲求が、自己実現を頂点としたピラミッドのようになっており、人間は自己実現に向かって絶えず成長するというものです。この欲求階層論と自己実現論は、法律学や教育学、経営学などさまざまな分野に影響を与えています。

マズローはニューヨークで、ロシア系ユダヤ人移民の長男として生まれました。弟妹が6人おり、生活は貧しく、性格は内気であったものの、知的好奇心が旺盛だったといわれています。ニューヨーク市立大学シティカレッジに入学し、法律学を学んだあと、ウィスコンシン大学で心理学を学んで心理学の博士号を取得しました。

ニューヨーク市立大学ブルックリン校、ユダヤ系の大学として有名なブランダイス大学などで教授を務め、ヒューマニスティック心理学会を設立します。また晩年には、自己実現を超える概念として、超越論を唱えています。5つの基本的欲求とはまったく違う次元の欲求で、「社会をよりよいものにしたい」という欲求とされています。

第7章

自分に関する心理学

「自分らしく」って いったい何だろう？

KEYWORD

自己概念　作動的自己概念　ジョハリの窓

自分で自分をどう認識しているか

Nさんは職場の先輩から、「もっと自分らしくやってみたら？」といわれました。先輩は「のびのびやっていいんだよ」といいたかっただけなのですが、Nさんは「先輩から見て、私らしさが出ていないように見えるのかな？」「そもそも私らしさって何だろう？」と、むしろ混乱してしまいました。

「私はこのような人だ」と思う内容を**自己概念**といいます。自分についての知識や理解など、自分で自分をどう認識しているかということです。自己概念は性格や能力についての個人的アイデンティティと、所属についての社会的アイデンティティの2つで構成されます。

相手や目的によって、「自己」は変わります。例えば、現実自己（客観的に見た自分のありのままの姿）、理想自己（理想とする自分の姿）、義務自己（こうでなくてはならないと決めている自分の姿）、可能自己（そうなれるかもしれないと思う姿）などです。これらの中から、そのときの状況で自己を選ぶことを**作動的自己概念**といいます。

4つの窓で自己理解を深め、自己開示を進める

アメリカの心理学者ジョセフ・ルフトとハリー・インガムは、自己概念と他者が見た自分が違うことに注目し、**ジョハリの窓**という自己分析をするためのフレームワークをつくりました。

自分

「自分が知っている自分」「自分が知らない自分」「他者が知っている自分」「他者が知らない自分」という見方を組み合わせて、次の4つの窓（領域）で示したものです（↓左ページ図）。

●開放の窓（自分も他者も知っている自分）
●盲点の窓（他者は知っているのに自分は知らない自分）
●秘密の窓（他者には隠している自分）
●未知の窓（自分も他者も知らない、可能性に満ちた自分）

　他者から見える領域については、周囲の人に聞くなどして埋めることで自己理解が進み、自分では気づいていなかった自分の長所や短所を知ることができます。特に自己開示（↓71ページ）により、開放の窓が広がっていくのです。自己開示が進むことで、自然とオープンなコミュニケーションをとれるようにもなります。初対面やそれほど親しくない人同士であっても自己開示をしていくと、お互いの開放の窓が広がり、相互理解の向上に役立つでしょう。就職活動の自己分析や企業の社員教育にも活用されています。

ジョハリの窓

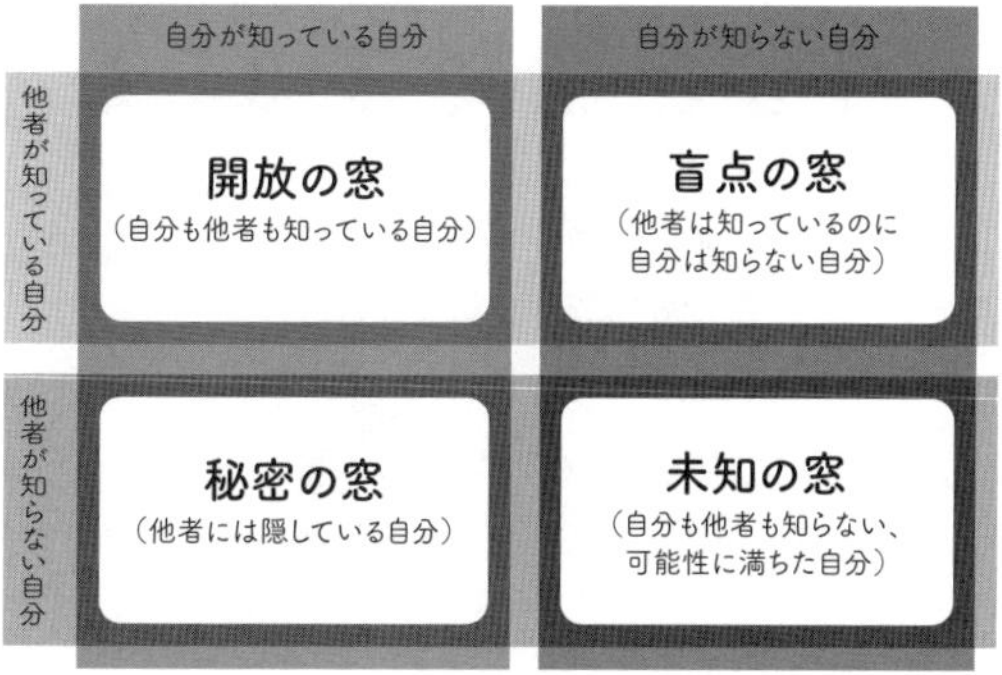

《ジョハリの窓の活用例》

3人以上の親しい人に依頼して、紙に記入したり、ジョハリの窓ができるアプリを利用したりします。依頼する人によって回答が大きく変わることもあるため、とても親しい人や本音をいってくれそうな人に依頼するのがよいでしょう。

① 3 人以上の親しい人に依頼する。
② 例えば、下記のような特性から自分に該当するものを書き出す。

社交的、内向的、行動力がある、感受性豊か、ポジティブ、ネガティブ、話し上手、聞き上手、気配り上手、段取り上手、リーダーシップがある、向上心がある、情報通、責任感がある、プライドが高い、頑固、真面目、几帳面、おおらか、発想力があるなど。

人物像、強み、弱み、得意なこと、不得意なことなどを挙げるとよい。上記のように、あらかじめ項目を決めておくとやりやすい。加えて、項目にとらわれず、自由に書くと新たな発見が生まれやすくなる。
③ 依頼した相手に、自分に該当する特性を書き出してもらう。
④ ②③で書き出された項目を確認し、4 つの窓に分類する。
　自分と他者の両方が書いた特性→開放の窓
　自分だけが書いた特性→秘密の窓
　他者だけが書いた特性→盲点の窓
　どちらも書かなかった特性→未知の窓

※あらかじめ特性の項目を定めない自由記述の場合は、「今まで自分がしたことがないこと」「自分ならやらなかったこと」について考えることが、未知の窓を探るヒントになります。

自己肯定感を高めるコツは自分を俯瞰すること

KEYWORD

認知の歪み　メタ認知

Nさんは以前、仕事で派手なミスをして先輩たちに笑われた気がしてから、失敗が怖くて萎縮《いしゅく》してしまうようになりました。疲れやすくなり、気分も落ち込みがちです。

Nさんは自己肯定感が低い状態といえます。理想とする自分と現実の自分が乖離《かいり》していることで、劣等感を感じているのです。ただし、自己肯定感は高ければよいというものでもありません。自己肯定感が高すぎるとプライドが高くなり、他者を受け入れにくくなって他者ともめやすくなったりします。

自己肯定感を適切に高めるには、まず自分に対する**認知の歪み**を修正することが大切です。認知の歪みとは、対象をありのままに捉えられなくなることです。認知の歪みがあると現実を正しく認識できなくなったり、ネガティブな思考や感情を強めたりすることにつながります。

そこで大切になるのが**メタ認知**。メタとは、「超」「高次元」という意味です。つまりメタ認知とは、自分をより高い次元から捉えることをいいます。例えば、「仕事での失敗は私のせい」と思っていたものが、実は俯瞰《ふかん》してみると相手の説明不足のせいだったり、厳しいスケジュールのせいだったりすることがわかります。あるいは自分に何か落ち度があったとしても、それがすべての原因ではなく、さまざまな要因が絡み合った結果だったと気づけるようになります。そうしたメタ認知によって認知の歪みが修正され、必要以上に自分を責めなくなり、ミスの予防や対策につなげられるようになります。

自分

無意識のうちに失敗しそうな条件をつくっている？

KEYWORD

セルフ・ハンディキャッピング

Nさんはプレゼン用の資料を完成させなくてはいけない大事な日の前夜に無性に飲みに行きたくなり、友だちを誘って夜遅くまで飲み、二日酔いになってしまいました。

人は何か不安を感じると、自分の自尊感情を守るために先に言い訳の材料を用意することがあります。Nさんの場合、「二日酔いだから」と考えることで、万が一ミスをしたとしても「今日は体調がよくなかったから仕方ない」「二日酔いだったせいで、私の能力不足ではない」と前もって言い訳の準備をしているのです。この場合、もしミスなく過ごせたら「悪条件でもうまくやれた自分はすごい！」と、自分の能力を高く評価することができます。こうした一連の行動を**セルフ・ハンディキャッピング**と呼びます。Nさんのように実際に失敗に結びつくようなことをするケースだけでなく、「今日は体調が悪い」「3時間しか眠れなかった」などと周囲に公言しておくことで、失敗したときの言い訳とするケースもあります。

人は自分を守るために無意識のうちに、失敗に備える用意をして心のバランスを保とうとしているのです。ただし、セルフ・ハンディキャッピングは、目標を達成することよりも自己防衛を大切にしているため、成功率が下がったり、周囲からの印象が悪くなったりするデメリットがあります。そして、長期的に見ると、自分の成長の機会を失うことにもつながってしまいます。

怒りは6秒で消えるって本当？

KEYWORD

アンガーマネジメント

Aさんは息子に「お母さんは僕にダメ出しをしてばかり！」と反発されてから、怒りすぎないように気をつけています。あるテレビ番組の特集で「怒りを感じたら、6秒数えると収まる」という情報を知りました。今後、怒りがわくことがあったら試してみようと思っています。

怒りは人間の自然な感情であり、生理反応です。自分が大切にしている価値観や理想を裏切られたときに、怒りがわきます。「○○すべき!」といったり思ったりしてしまうのは、そのためです。だからといって、感情に任せて周囲の人に怒りをぶつけていいわけではありません。もちろん我慢しすぎるのもよくなく、不安や不満が抑圧されてたまった状態だと、ちょっとしたことで爆発してしまいます。

怒りの感情を爆発させないためには、怒りの感情がわいてきたときに深呼吸をして心身をリラックスさせましょう。このとき、深呼吸をしながら6秒数えるカウンティングを行うと有効です。理性が働くまでに6秒ほどかかるとされるためです。怒りを点数化するのもよいとされます。平穏な状態を0、MAXに怒ったときを10として、「今はどのくらい?」と考えるのです。平穏な状態などと比較することで、「怒るほどではなかった」と鎮静化しやすくなります。つまりは、怒りに反射的に反応しないことが大切なのです。目を閉じたり、肩を回したりするなどして、力を抜くのもよいとされています。

このような怒りの感情と上手に付き合えるようになるための心理的トレーニングを、**アンガーマネジメント**といいます。

ほめ言葉やごほうびがやる気を失わせる!?

KEYWORD

外発的動機づけ　内発的動機づけ　アンダーマイニング効果　機能的自律

ごほうびがやる気をうばっている!?

Aさんは息子の学習意欲をかき立てるために「塾のテストで順位が上がったら好きなものを買ってあげる」と約束しました。すると、これまでは順位が上がると素直に喜んでいたのに、今では何を買ってもらうかばかり気にするようになってしまいました。さらには順位が下がっても「この前買ってもらった

し、今回はいいか」と大して気にしなくなってしまいました。

ほめる、ごほうびをあげるなど外部からもたらされるものによって行動を起こさせることを**外発的動機づけ**といいます。一方、その行動自体への興味・関心や魅力によってやる気が起きることを**内発的動機づけ**といいます。ほめ言葉やごほうびがあると、行動への興味関心や魅力が損なわれてしまうことが、アメリカの心理学者エドワード・デシの実験によって明らかになっています。

デシは大学生のグループAとBにとても人気のある立体パズルを3日間、一定時間行わせました。2問パズルが解けたところで、休憩をはさみます。また、Aグループには、2日目だけ1問解けるごとに1ドルの報酬を与え、3日目には最初に「今日は報酬がない」と伝えました。そして、それぞれのグループが、休憩時間にどれだけパズルを行うかを観察しました。すると、Aグループは、2日目は休憩時間にパズルにとり組む時間が増えましたが、3日目は1日目よりも減りました。一方、Bグループは3日目にパズルを行

自分

う時間が増えるという結果となりました。

ごほうびをもらってしまうと行動そのものを楽しめなくなって、ごほうびが存在しなかったときよりもその行動へのモチベーションが下がってしまうのです。これを**アンダーマイニング効果**といいます。Aさんの息子は、ごほうびがあることによって学習そのものへの興味が薄れ、モチベーションが下がってしまったのだといえるのです。

逆に、最初はごほうび目当て（外発的動機づけ）の活動だったものでも、活動を繰り返しているうちにその活動自体を好きになって楽しく取り組めるようになることもあります。これを**機能的自律**といいます。勉強することが楽しくなるような手立てをとっていくことが大切です。

少ない報酬のほうが作業への満足感が高い!?

アメリカの心理学者レオン・フェスティンガーとメリル・カールスミスの実験によると、相手にとって好ましくないことを依頼するときは、謝礼は多くしすぎないほうが、不平や不満が起こりにくいことがわかっています。

フェスティンガーらは参加者をAとBの2グループに分けて、それぞれ交代制で退屈な作業をさせました。その中で、次の人と交代する際に、「とてもおもしろい作業だった！」と伝えるように依頼。加えて、Aグループには謝礼として1ドル、Bグループには20ドルをわたしました。そして、作業終了後、参加者全員に本心を確認したところ、Aグループの人は実際におもしろかったと答えたのに対して、Bグループの人は退屈だったと答えました。この結果から、Aグループは少ない報酬でうそをつくという不快感から、作業は本当におもしろかったのだと思い込む合理化が起きたと考えられます。

このことから、何かを依頼する際にあまり大きくないごほうびを用意するというのも、1つの手といえるかもしれません。

自分

体に悪いとわかっていてもタバコをやめられない理由

KEYWORD

現在バイアス　免罪符効果

Sさんは愛煙家です。健康によくないと周囲からよくいわれますし、自分でもわかっていますが、どうしてもやめることができません。何度も禁煙を試みて、この一箱が終わったらやめようと思っても、いざ吸い終えると「仕事が忙しいのでタバコで息抜きしたい」「ストレスをため込むほうが体に悪い」など、何かしら理由をつけてまた買ってしまいます。

Sさんの禁煙失敗の原因は

現在バイアスに陥り、必要な行動が先送りにされてしまっているからと考えられます。現在バイアスとは、遠い将来の大きな利益よりも目先の小さな利益を優先してしまう傾向のこと。つまり、「禁煙すれば健康に長生きできる」という遠い将来の利益より、「タバコを吸うと気持ちが落ち着く」「お通じがよくなる」など目先の利益が大きく見積もられてしまうのです。現在バイアスは長期計画が必要なことほど、強く現れることがわかっています。

ダイエットや禁酒、貯金がうまくいかないのも現在バイアスの影響が考えられます。ダイエットでいえば、健康のために体重を減らそうとしているのに、おいしそうなスイーツなどを目にすると、「無理に我慢するほうがストレスになる。ダイエットは明日から頑張ろう」などというように目の前にある利益が優先されているのです。

あるいは**免罪符効果**の理論が当てはまる人もいるでしょう。食事に気をつけたり運動をしたりして、体によいことをしているから、それが免罪符となって少しくらい不摂生をしても大丈夫と考えてしまうのです。

「忘れていい」といわれたほうがかえって記憶力が増す

KEYWORD

シンバロの実験 **エピソード記憶**

Hさんが先輩から仕事の助言をもらっているときに、先輩がたとえ話として旦那さんとケンカしたときのエピソードを話してくれました。先輩は「夫との話は忘れていいからね」と笑っていましたが、アドバイスの内容よりも先輩と旦那さんのエピソードばかりが思い出されてしまうHさんでした。

アメリカの心理学者リチャード・**シンバロの実験**によると、単語を覚えさせるときに

「忘れてくれていいからね。記憶の実験だけど、むきにならなくてもいいよ」と声をかけたグループと、「記憶の実験だから、きちんと覚えてね」とプレッシャーをかけたグループを比べると、「忘れていい」といわれたグループのほうが記憶率が高いという結果が出ました。これは忘れてもいい、失敗してもいいという安心感が記憶力に好影響を与えたと考えられます。一方、プレッシャーを与えられると、緊張によって記憶力が落ちると考えられます。Hさんが「覚えなくてはいけない」仕事のアドバイスよりも、「忘れていい」先輩と旦那さんのエピソードを強く記憶してしまったのはこのためです。

また、イギリスの心理学者ダンカン・ゴッデンとアラン・バデリーの実験などによると、一般的な知識などの意味記憶よりも、時間や場所・感情などの情報を持った**エピソード記憶**のほうが残りやすいことがわかっています。そして、15～16歳くらいまでは意味記憶の働きが高く、それ以上の年齢になると意味記憶の能力が落ち、エピソード記憶の能力が高まることがわかっています。

自分

過去よりも今のほうがよいと記憶が書き換えられる？

KEYWORD

記憶の編集　防衛機制（合理化）　記憶の7つのエラー

Sさんは以前の職場の同僚と、久しぶりに飲みに行きました。会社の規模は以前の会社のほうが大きく、残業も少なかったのですが、同僚の近況報告を聞くうちに社内の上下関係が煩《わずら》わしかったことを思い出し、今の会社は風通しがよくて、やりたいことをやれているから転職して正解だったと思いました。

人は幸せを感じて心地よく過ごすために、無意識のうちに**記憶の編集**をする傾向があります。これは**防衛機制**である**合理化**によって行われていると考えられます。今、何か不満に感じることがあったとしても、「あのときよりはまし！」と思える合理的な理由をつくって不満をやわらげ、心の平穏を保とうとしているのです。

アメリカの心理学者ダニエル・L・シャクターが提唱した**記憶の7つのエラー**（→173ページ）という理論の中でも、記憶はそのときの状況や感情によって書き換えられることがあると述べられています。

また、アメリカで行われた調査でも、こうした記憶の編集や書き換えがなされていることが実証されました。結婚生活に不満を持っている女性を対象にした調査で、まず20代のときに結婚生活に関する評価をしてもらいました。そして10年後に当時を振り返って再度評価してもらうと、10年後に調査したときのほうが20代のときの結婚生活に対する評価が低かったのです。つまり過去を悪く評価することで、今はそのときよりましだとして現状を受け入れようとする心理が働いたと考えられます。

自分

なぜ嫌なことばかり続いているように感じる？

KEYWORD

気分一致効果　ネガティビティ・バイアス　ミスアンスロピック・メモリー　確証バイアス

そのときの気分に左右されている

Nさんが会社から帰宅する途中、突然激しい雨が降り始めました。傘を持っていなかったためずぶ濡れ。今日は朝からドアに足の小指をぶつけて悶絶《もんぜつ》したし、企画書にミスが見つかって課長に注意されたし、コーヒーをこぼして服を汚すし、「天気にも見放されて最悪！」と涙が出そうでした。

Nさんのように嫌なことばかり続いているように思えるのは、そのときの気分の状態によって思い出しやすい記憶と思い出しにくい記憶があるからです。これを**気分一致効果**といいます。ポジティブな気持ちのときはよい記憶を思い出しやすく、ネガティブな気持ちのときは嫌な記憶ばかり思い出してしまうという現象です。Nさんは雨に降られて気持ちが沈んでいるために、嫌な出来事ばかり思い出す悪循環に陥っているといえます。

あるいは、**ネガティビティ・バイアス**（↓169ページ）が働いているためだと説明することもできます。ポジティブなことよりも、ネガティブなことを注視してしまうバイアスです。よいことも楽しいこともあるはずなのに、このネガティビティ・バイアスによって、悪い出来事だけにフォーカスして「嫌なことばっかり続く！」と感じてしまうのです。

さらに人には**ミスアンスロピック・メモリー**（↓169ページ）というバイアスもあるため、よい出来事よりも嫌な出来事のほうが記憶に残りやすくなります。Nさんは朝から続く嫌な出来事が頭から離れず、連鎖しているか

自分

のような印象を抱いてしまっているといえるでしょう。

自分の思い込みに合う情報ばかりを探している

確証バイアスも働いていると考えられます。自分が「こうだ」という思い込みに合う情報ばかりを集め、それ以外の情報は無視してしまうことで、「やはりそうだ！」という思いを強くするものです。「私にとって嫌な出来事が続く」ということに対して、それを裏づける情報ばかりを集めて、「ほら、続いている」と思ってしまっているわけです。

どうせ思い込むなら、ポジティブなことのほうがよいものです。思い込みの力でポジティブな現象が起きる例も紹介しておきます。プラシーボ効果です。アメリカの医師ヘンリー・ビーチャーによって発見され、広く知られるようになりました。実際には何の効能もない偽物の薬を飲んだにもかかわらず、その薬によって患者に何らかの症状の改善が見られた現象をいいます。思い込みの力を示す1例です。

気分一致効果

そのときの気分の状態によって、思い出しやすい記憶と思い出しにくい記憶がある。

突然激しい雨に降られ、ずぶ濡れになった

悲しい気分

ネガティブな出来事

- 朝からドアに足の小指をぶつけて悶絶した
- 企画書にミスが見つかって課長に注意された
- コーヒーをこぼして服を汚した

ポジティブな出来事

- 満員電車の中で目の前の座席が空いて座れた
- なくしたと思っていたイヤリングが見つかった
- ランチで食べたパスタがおいしかった

ネガティブな気分なので、ついネガティブな出来事ばかりが思い出されてしまう

テレビや雑誌の占いは本当に当たる？

KEYWORD

バーナム効果

Nさんはある占い師に「あなたは繊細な性格で、何事にも慎重なタイプ。でもときどき大胆なことをして周囲を驚かせることがあるわね」なんていわれて、「当たっている！　なんでこの人はそんなことがわかるんだろう」とびっくりしました。

占いが実際に当たるかどうかに関する信憑性《しんぴょうせい》はわかりませんが、心理学の世界では**バーナム効果**が働いているという考え方があります。多くの人に当てはまるようなありがちなことをいわれると、自分のことをいい当てていると感じてしまうことです。

バーナム効果という名前は、アメリカの心理学者ポール・E・ミールがサーカスを主宰していた興行師バーナムの「誰にでも当てはまる要点というものがある」という言葉にちなんで名づけました。

適当なことをいわれているのになぜ信じてしまうのかについては、人の性格や起こる出来事は表裏一体、さまざまな側面を持っているからだといえます。おおらかな人でも神経質になる場面があったり、嫌な出来事であっても見方を変えればとてもラッキーなことだったりします。つまり占いが当たるかどうかは、受けとった側がどう解釈したかによって決まるともいえるのです。「あなたはこうです」といわれたとき、自分でそれに合致する要素を探し出してしまっているだけだといえます。

バーナム効果を覚えておくと悪意を持って根拠のない占いの結果を示し、だまそうとする詐欺や霊感商法などから身を守りやすくなるでしょう。

自分

雑音の中でも必要な音を聞きとれるって本当？

KEYWORD

カクテルパーティー効果　フィルター理論

Nさんは昼休みに一人でランチを食べに出かけました。店内はにぎわってざわざわとしていましたが、食事をしていると自分の名前が聞こえた気がしました。声のしたほうに視線を向けると、同じ部署の後輩たちがランチをしていました。聞き耳を立てるとやはりNさんの話をしていましたが、どうやら悪口ではなかったようなのでほっとしました。

このように周囲に雑音があ

っても、自分が注意を向けていない音は排除され、自分が注意を向けている音のみを選択して聞きとることができる現象を**カクテルパーティー効果**といいます。イギリスの心理学者コリン・チェリーが提唱したものです。カクテルパーティー効果はイギリスの心理学者ドナルド・ブロードベントが提唱した「人は複数の情報のうち、注意を向けた情報だけを認識できるフィルタリング機能がある」とする**フィルター理論**を裏づけるものとなりました。

その後、2人は共同実験によって、フィルタリング機能は経験や条件に影響を受けることを明らかにしています。さらに人は、無意識のうちに情報を取捨選択していることがわかりました。Nさんが意識的に注意を払っていないときでも、自分の名前が聞こえたのはこのためだと考えられます。

ヒント！

人の話をするときは場所に注意しましょう。話題の人はあなたの話に、すぐに聞き耳を立ててしまいますよ。

自分

ポジティブな人、ネガティブな人の違い

KEYWORD

ローカス・オブ・コントロール（統制の所在） **自尊感情**

NさんとHさんが人気店へランチに行ったところ、なんと臨時休業でした。Nさんは「運が悪すぎる！」と落ち込みましたが、Hさんはすぐにスマホで他のお店を検索し、有名シェフのレストランを見つけて無事に昼食をとることができました。

アメリカの心理学者ジュリアン・ロッターによると、ポジティブ思考になるかネガティブ思考になるかは、**ローカス・オブ・コントロール**（統

制の所在）によって決まるとされています。自分に起きた出来事の結果は自分でコントロールできるものだと考えるか、自分ではコントロールできない外的な要因によって決まるものだと考えるか、ということです。多くのことを自分でコントロールできると思う人は、主体性が高いので物事をポジティブに考えることができます。冒頭の出来事を見ると、Nさんは運が悪いと思って落ち込んでいるのに対し、Hさんはすぐに切り替えて行動しています。Hさんは物事を自分でコントロールできると考える、ポジティブな人である可能性が高いでしょう。

ポジティブになるかネガティブになるかは、**自尊感情**で決まるともいわれています。自尊感情がどのくらいあるかを知るための方法として、アメリカの心理学者ウィリアム・ジェームズは「自尊感情＝成功÷願望」という公式を考案しました。この公式によると、願望が弱い人は何かに挑戦して失敗したとしても自尊感情は高いままでいられ、願望が強い人は失敗をしたときに自尊感情が低くなることがわかります。

自分

ローカス・オブ・コントロールと自尊感情の公式

［ローカス・オブ・コントロール］

ポジティブさんの考え方

コントロールの所在を内側に置く
・夢は叶えるもの
・努力は報われる
・失敗は成功のもと

ネガティブさんの考え方

コントロールの所在を外側に置く
・運は天任せ
・親ガチャは存在すると思う
・環境のせいでうまくいかないんだと考える

［自尊感情の公式］

$$自尊感情 = \frac{成功}{願望}$$

自尊感情尺度

アメリカの社会学者モリス・ローゼンバーグが考案した、自尊感情を測定する質問表日本版 RSES（RSES-J）。教育現場や企業などでよく使われている。

1. 私は、自分にだいたい満足している。	強くそう思う	そう思う	そう思わない	強くそう思わない
2. ときどき自分は、まったくダメだと思うことがある。	強くそう思う	そう思う	そう思わない	強くそう思わない
3. 私には、けっこう長所があると感じている。	強くそう思う	そう思う	そう思わない	強くそう思わない
4. 私は、他の大半の人と同じくらいに物事がこなせる。	強くそう思う	そう思う	そう思わない	強くそう思わない
5. 私には、誇れるものが大してないと感じている。	強くそう思う	そう思う	そう思わない	強くそう思わない
6. ときどき自分は、役に立たないと強く感じることがある。	強くそう思う	そう思う	そう思わない	強くそう思わない
7. 自分は少なくとも他の人と同じくらい、価値のある人間だと感じている。	強くそう思う	そう思う	そう思わない	強くそう思わない
8. 自分のことをもう少し尊敬できたらいいと思う。	強くそう思う	そう思う	そう思わない	強くそう思わない
9. よく、私は落ちこぼれだと思ってしまう。	強くそう思う	そう思う	そう思わない	強くそう思わない
10. 私は、自分のことを前向きに考えている。	強くそう思う	そう思う	そう思わない	強くそう思わない

●採点方法

強くそう思う＝４点、そう思う＝３点、そう思わない＝２点、強くそう思わない＝１点で点数化する（ただし、質問 2、5、6、8、9 は強くそう思う＝１点、そう思う＝２点、そう思わない＝３点、強くそう思わない＝４点とする）

●評価方法

合計得点が 20 点以下の人は自尊感情が低い、30 点以上の人は自尊感情が高いとされており、日本人の平均はおおむね 25 点前後であるとされている。

素直に謝れる人と、謝れない人とは何が違うのか

KEYWORD
自己肯定化理論

Rさんがアルバイト先で仲間にミスを指摘したところ、「ミスじゃないよ、こっちのほうが効率がいいんだよ」と反論されました。ミスを認めず言い訳するなんてかっこわるいな。その点、店長は年下に対してもきちんと謝るから尊敬できるんだよな、とRさんは思いました。

Rさんのアルバイト仲間が素直に謝らないのは、自分を守ろうとする心理が働いているためといえます。人は一般

に自分は価値のある人間であるという自己概念（→231ページ）を持ちたいため、自分に非があることや相手を傷つけた自覚があったとしても、それを対外的に認めることに抵抗を感じることがあるのです。そして、自分を正当化することで自己概念を守ろうとします。このような自分の心を守る働きを**自己肯定化理論**といいます。

また、自尊心が高すぎる人の場合、プライドが高く強がりで、他人を見下していることもあるため、自分の非を認めて謝ることがなかなかできません。逆に自尊心が低すぎる人の場合も、自己概念が揺らいでしまうことへの不安や、自分が劣っていると認めることへの不安で素直に謝ることができないと考えられます。

つまり、素直に謝ることができる人は自尊感情が極端に高すぎず、低すぎず、自分の価値を正しく感じられている人といえます。Rさんのアルバイト先の店長のように、目下の人に対しても素直に自分の非を認め、誠意をもって謝れる人は、「できる人」として周囲から一目置かれるでしょう。

コラム 7

心理学者紹介

レオン・フェスティンガー

(Leon Festinger, 1919〜1989)

レオン・フェスティンガーは、アメリカの社会心理学の第一人者です。ミネソタ大学やスタンフォード大学などで教授を務め、認知的不協和理論、社会的比較理論を提唱しました。社会心理学においては数学的、測定論的厳密さにこだわるより、理論や方法のあいまいさを許容したほうが、発見的価値が高いと主張しています。

フェスティンガーはニューヨークのブルックリンで、ロシア系ユダヤ人移民の家庭に生まれました。ニューヨーク市立大学で心理学を学んだあと、アイオワ大学においてツァイガルニック効果（→90ページ）の研究で有名なクルト・レヴィンから学び、児童心理学の博士号を取得しています。第二次世界大戦中は従軍し、戦後はマサチューセッツ工科大学でレヴィンとともに研究を行いました。著書には、『予言がはずれるとき』『認知的不協和の理論』『人類の遺産』などがあります。

認知的不協和理論の提唱は、31歳のときにあるカルト集団へ潜入調査をした際に目の当たりにしたことがきっかけでした。フェスティンガーは教祖の予言が外れたにもかかわらず、信者が増えるという異様な状況を目撃し、「人は矛盾する事象を抱えた場合に、それを解消するために態度や行動を変化させる」という仮説を立てたのです。その後、学生を使い、単調な作業をさせて報酬を支払うという実験を行ったところ、報酬が少なかった学生が、報酬が多かった学生よりも作業の楽しさを熱心に伝えたことから、認知的不協和理論の提唱に至りました。

第8章

今すぐ使える心理的ビジネステクニック

相手のしぐさをまねると親近感を抱いてもらえる

KEYWORD

ミラーリング　類似性-魅力仮説

好印象を与える心理を生かしたテクニック

　Sさんは今日、初めて会う取引先のもとへ行きました。相手が少し警戒心の強いタイプだったこともあり、最初はさほど話がはずみませんでした。そこでSさんは「相手がお茶を飲んだら自分も飲む」「資料をめくったら自分もめくる」というように、相手のしぐさをまねしてみました。すると、少しずつ相手の警戒心がとけ、笑顔を交えて話せるようになっていきました。

このように相手のしぐさや行動、さらには言葉などをまねることを**ミラーリング**といいます。ミラーリングには、自分と似た人を好きになる**類似性－魅力仮説**（↓117ページ）も関わっていると考えられます。アメリカの心理学者ターニャ・チャートランドなどが実証しています。

さりげないまねが好印象をもたらす

チャートランドの実験は、大学生を集めて2人ずつのペアを組ませ、写真を見せてその内容をペアの相手に言葉やジェスチャーで伝えるというものでした。ペアの一人は実験の目的などを知っている実験補助の学生ですが、そのことは参加者には伏せています。AとBの2つのグループに分け、グループAでは、補助の学生に参加者のジェスチャーに合わせた動きをするように指示しました。グループBでは、補助の学生に何も指示をしませんでした。

実験後、参加者にペアの相手は好印象だったか、実験はスムーズに進んだかを評価させたところ、どちらの質問に対してもグループAのほうが高評価を示しました。

つまり、冒頭のSさんはミラーリングを実践することによって、警戒心の強い相手から親しみを抱いてもらうことに成功したのです。気づかれないように自分の動作や言葉を相手のものに合わせることで、相手に「この人と自分は通じるものがある」と思わせ、親近感や好意を抱かせたというわけです。

ミラーリングの方法はさまざま。しぐさをまねる、発言をまねる、姿勢をまねるなどして心理的距離を縮めてみましょう。ただし、ミラーリングをしていることが相手にバレてしまうと、嫌悪感を抱かせてしまって逆効果です。わざとらしくならないように気をつけましょう。

ヒント！

ミラーリングは、メールやSNSでも効果があるとされています。語調や語尾、絵文字やスタンプなどを相手と合わせると好感度が高まるかもしれません。

ミラーリングの例

ミラーリングは、相手に親近感を感じてもらうのに役立つテクニック。ただし、合わせていることが相手にバレてしまうと、逆効果になるので注意しよう。

しぐさをまねる
・相手が髪をさわったら、自分もさわる
・相手がうなずいたら、自分もうなずく など

発言をまねる
・相手の言葉をオウム返しにする
・相手と同じ言い回しをする など

姿勢をまねる
・相手と同じようにイスに深く腰かける
・相手と同じように手を机に置く など

表情をまねる
・相手が笑ったら笑う
・真剣な表情になったら、こちらも真剣な表情になる など

声のトーンをまねる
・相手の声のトーンの高さに合わせて話す など

テンポをまねる
・相手がゆっくり話すときは、こちらもゆっくりと話す
・相手が早く話すときは、こちらも早く話す など

ビジネステクニック

選択肢を限定すると相手が選びやすくなる

KEYWORD

決定回避の法則（ジャムの法則）

選択肢が多すぎると混乱してしまう

Sさんは自社製品を1つでも多く、詳しく知ってもらいたいと思い、担当するすべての商品の電子カタログを用意して取引先を訪問しました。しかし取引先の担当者からは、「わあ、こんなにたくさんあるんだ」といわれ、電子カタログは2〜3ページ見ただけで、他の話題に変えられてしまいました。

人は他に選択肢のない商品やサービスを勧められると、自分の行動を制限されたと感じて反発心が生まれます。自分の思考や言動を、自分で決めたいという欲求を持っているからです（心理的リアクタンス→124ページ）。しかし、選択肢が多すぎても、混乱するだけで購買意欲に結びつきません。この現象は、**決定回避の法則**と呼ばれます。Sさんが訪問した取引先の担当者も、決定回避の法則によって決められなくなっていたのです。

選択肢の数によって商品に対する評価も変わる

アメリカの心理学者マーク・レッパーとシーナ・アイエンガーの実験によると、選択肢が多すぎると購買意欲が低下する一方、選択肢をある程度限定されると購買に結びつきやすいことがわかっています。2人はスーパーマーケットで、ジャムの試食販売をする実験をしました。6種類のジャムを試食販売した場合と、24種類のジャムを試食販売した場合をそれぞれ観察したところ、集客力が高かったのは24種類のときでした。通りかかった客の60％が

ビジネステクニック

試食をし、そのうち3％の人が購入しました。一方、6種類のときは、通りかかった客の40％しか試食をしなかったものの、そのうち30％の人が購入するという結果でした。このことから、選択肢が多すぎると、購入につながりにくいことがわかったのです。この実験にちなんで、決定回避の法則は**ジャムの法則**とも呼ばれています。

レッパーとアイエンガーの別の実験では、6種類と30種類のチョコレートから1つのチョコレートを選ぶグループをそれぞれつくり、味の評価をしてもらいました。結果、6種類のグループの平均点は10点中6・25点で、30種類のグループの平均点は5・5点でした。さらに謝礼として現金かチョコレート1箱を渡す提案をすると、6種類のグループの約半数がチョコレートを選んだのに対し、30種類のグループは88％もの人が現金を選択しました。つまり、選択肢が多すぎると、商品への満足度が低下するとわかったのです。「下手な鉄砲も数打ちゃ当たる」ではなく、本当に売りたいもの、相手が必要としているであろうものに数を絞って提示したほうが効果的なのです。

ジャムとチョコレートの実験

ジャムの実験

6種類と24種類のジャムをそれぞれ試食販売し、試食した人、購入した人の割合などを調査した。

試食販売したジャムの種類	通りかかったお客さんのうち、試食した人の割合	試食した人のうち、購入した人の割合
6種類	40%	30%
24種類	60%	3%

選択肢が少ないほうが購買につながった！

チョコレートの実験

6種類と30種類のチョコレートから1つ選ぶグループをそれぞれつくり、味の評価などをしてもらった。

チョコレートの種類	味の評価（10点中）	現金またはチョコレートの謝礼提案
6種類	平均6.25点	約半数がチョコレートを選択
30種類	平均5.5点	88%が現金を選択

選択肢が多すぎると、商品への満足度が低下することがわかった！

ビジネステクニック

あえて断られる提案を用意する

KEYWORD

ドア・イン・ザ・フェイス　アンカリング

Sさんは取引先に対し、商品の購入数を「10万個」と通常の倍にあたる数で依頼しました。当然断られたので、「では、5万個でよいのでお願いできないでしょうか？」と改めて持ちかけたところ、相手も「まあ、それくらいならいいよ」と取引してもらえることになりました。

このように要求を受け入れてもらうために最初は明らかに無理な要求を提示し、意図的に相手に断らせてから、本命の要求を出すテクニックを**ドア・イン・ザ・フェイス**といいます。「門前払い」という意味です。

人は相手に何かをしてもらったら、自分も何かを返したくなります（返報性の原理→119ページ）。そのため、依頼を断ったあとは後ろめたさを感じて、次に提示された小さな要求は承諾してしまうのです。

また、**アンカリング**という心理テクニックもあります。最初に得た情報に基づいて判断する、調整ヒューリスティックといわれる経験則を活用したものです。これは高額な商品を見せたあとに低価格の商品を見せると、はじめに見た商品が基準になって、あとで見せた低価格の商品はお得だと判断され、購入されやすくなるというものです。

ヒント！

ドア・イン・ザ・フェイスを知っておくと、相手が心理テクニックを使って何か頼み事をしてきたときにも気づくことができ、断ることに罪悪感を抱かずにすみます。

小さい要求から始め、少しずつ段階を上げていく

KEYWORD

フット・イン・ザ・ドア　一貫性の原理（一貫性欲求）　アンダーマイニング効果

一度決めたことは貫きたいという心理

Sさんは新商品のキャンペーンを企画しました。まずは無料の試供品を使ってもらい、キャンペーン期間中の初回購入は半額で購入できて、さらに期間中に定期購入を申し込むと毎月20％オフで購入できるというものです。

Sさんが企画したキャンペーンは**フット・イン・ザ・ドア**という心理テクニックを用

いたものです。最初にハードルの低い依頼をして引き受けてもらえたら、徐々に段階を上げて最終的に大きな依頼を受け入れてもらうというものです。人は一度決めたことは最後までやりとげたいという欲求があり、一度承諾したものは最後まで一貫した対応をしないと、信用をなくしてしまうのではないかと不安を抱く傾向があります。これを**一貫性の原理**（**一貫性欲求**）といいます。人には、自分の言動や信念などを一貫したものにしていたいという心の働きがあるのです。一貫性の原理とフット・イン・ザ・ドアによる効果は、アメリカの心理学者ジョナサン・フリードマンとスコット・フレイザーの実験によって明らかにされています。

フット・イン・ザ・ドアは、部下などに仕事を依頼するときにも使えます。例えば、「プレゼンの参考資料を集めてもらえないかな？」→「この資料からプレゼン用に必要なデータを抽出してまとめてもらえるかな？」といった具合に、小さな依頼からスタートさせることで最終的に依頼したい仕事を引き受けてもらいやすくなるでしょう。

ビジネステクニック

外的な報酬を与えると意欲が下がるおそれもある

フット・イン・ザ・ドアのテクニックを活用するときには、**アンダーマイニング効果**への注意が必要とよくいわれます。アンダーマイニング効果とは、内発的動機づけ（↓241ページ）によってなされていた行動に対して、何かしらの報酬を与える外発的動機づけを行ってしまうと、相手の意欲が下がるというものです。

Sさんの例でいうと、もし「試供品を使ったらプレゼントがもらえる」というキャンペーンにしていた場合、プレゼントをもらうことで満足してしまい、次の購入ステップにつながりにくくなるおそれがあります。

部下への仕事の依頼の例でいえば、「資料を集めてくれたら食事をおごるよ」という依頼の仕方ばかりしていると、相手は見返りを条件に判断するようになってしまいます。そのため、最初の依頼は相手の内発的動機づけにもとづいて受諾してもらうことが大切です。

フット・イン・ザ・ドアのテクニック

使用シーン　無料サンプル、試用期間、メルマガ登録、資料請求など

使用例

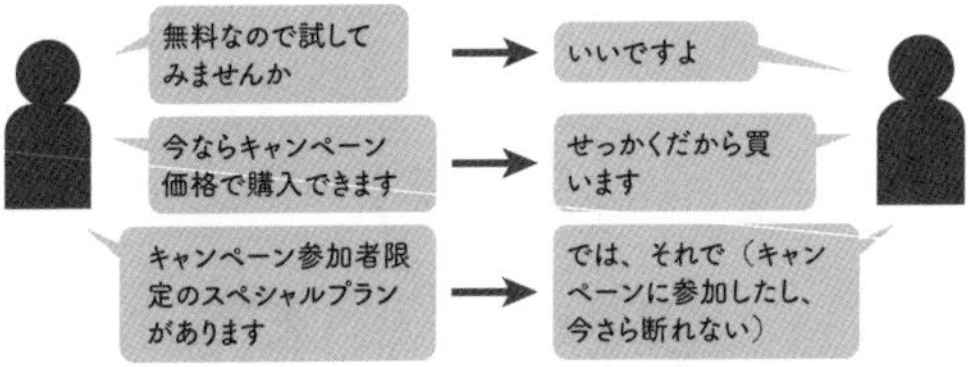

無料なので試してみませんか
いいですよ
今ならキャンペーン価格で購入できます
せっかくだから買います
キャンペーン参加者限定のスペシャルプランがあります
では、それで（キャンペーンに参加したし、今さら断れない）

一貫性の原理を利用したビジネステクニックとしては、ローボールというものもあります。最初に相手が承諾しやすい、または相手にとって魅力的な提案をして承諾させたあと、一部の条件をなくしたり、相手にとって不利な条件を追加したりするといった方法です。相手にとっての好条件をなくしたり、悪い条件を追加したりといった方法がとられることがありますが、そのような不利な条件になったとしても一貫性の原理が働くことで、相手は次の要求も断りにくくなってしまうのです。ローボールのテクニックは、アメリカの心理学者ジェリー・バーガーの実験などによって証明されています。

相手に与える印象は最初と最後が肝心

KEYWORD

初頭効果　メラビアンの法則　新近効果　ピーク・エンドの法則

素直に自分の長所をアピールすべし

Sさんは初めての取引先へ行く際、「第一印象が大事！」と考えていつも以上に身だしなみに気を配りました。そして、商談の最後にはなんとか好印象を残して帰ろうと、相手のファッションをほめちぎりました。

「第一印象が大事」という言葉や、「終わりよければすべてよし」ということわざがあります。心理効果の面から見ても、Sさんが初めての取引先とのやりとりで意識したように、最初と最後は大切だといえます。

最初に示された情報（第一印象）が記憶に残りやすく、のちの評価に大きな影響を与える現象を**初頭効果**といいます。アメリカの心理学者ソロモン・アッシュによって提唱されました。初頭効果が起こる1つの要因は、確証バイアスが働くからだと考えられています。自分の判断が正しいと信じたいと思うことで、最初に抱いた印象を裏づける情報にばかり目が行き、それ以外の情報はスルーしてしまったり、都合のよいように解釈してしまったりするのです。

そのため、例えば最初の自己紹介の場面では、自分の長所をさりげなくアピールするとよいでしょう。初頭効果を意識して、素直に好印象を与えるのです。ちなみに第一印象は数秒で決まるという実験結果があり、その印象は半年間持続するともいわれています。

矛盾したメッセージが発せられた場合、相手に与える印象は話の内容（言

ビジネステクニック

語情報）よりも見た目や表情、しぐさなどの視覚情報が優先されることがわかっています。これは**メラビアンの法則**といいます。アメリカの心理学者アルバート・メラビアンが提唱したもので、「7－38－55のルール」ともいいます。3つの数字はコミュニケーションの際に影響する言語情報、聴覚情報、視覚情報の割合を示したものです。

164ページで紹介したハロー効果も、第一印象に関わるものです。あまりよく知らない相手に対しては、外見などのわかりやすい特徴が他の特徴の評価に大きく影響するというものでした。

人は最後に得た情報に影響されやすい

他方で、「終わりよければすべてよし」も心理学的に証明されています。**新近効果**といい、最後に示された情報が記憶に残りやすく、判断や全体の印象に大きな影響を与えるというものです。アメリカの心理学者ノーマン・H・アンダーソンによって提唱されました。アンダーソンの実験によると、

メラビアンの法則

言葉や声のトーン、表情・態度などから矛盾したメッセージが発せられたとき、相手はどう受け止めるかを下記の割合で示した理論。

言語情報（実際に発せられた言葉）	7%
聴覚情報（声のトーン、声量、テンポなど）	38%
視覚情報（表情やボディランゲージなど）	55%

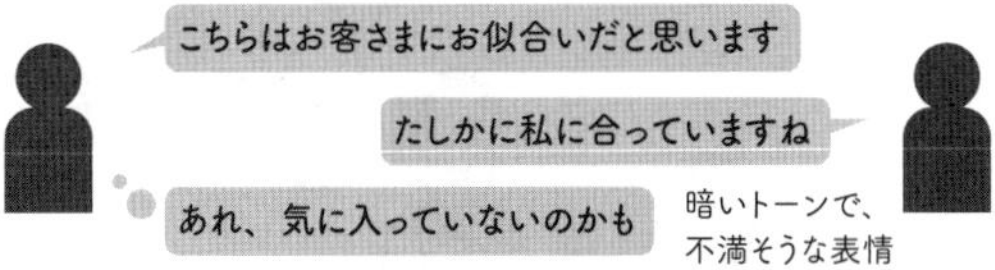
こちらはお客さまにお似合いだと思います
たしかに私に合っていますね
あれ、気に入っていないのかも
暗いトーンで、
不満そうな表情

矛盾したメッセージが発せられた場合、相手に与える印象は視覚情報＞聴覚情報＞言語情報の順に強い。

人はさまざまな情報源から多くの情報が入ると、最後に得た情報から影響を受けやすくなることがわかっています。つまり、たとえ第一印象が悪かったとしても、新近効果によって印象は新しく上書きできるということです。

去り際が大切という心理現象に、**ピーク・エンドの法則**もあります。人が記憶していることは経験した時間の長さではなく、クライマックスにあたる場面と終わりの印象の2つで判断しているというものです。

相手の心配や不安を利用する

KEYWORD

フィア・アピール　プロスペクト理論

人は損をすることにとても敏感

Sさんは、新卒入社の部下が取引先や社内の人とのやりとりをメールだけで済ませてしまっているのが、とても気になっていました。Sさんは対面や電話でのコミュニケーションの大切さを、経験上強く感じていたからです。そこで、部下に「まず顔や声を覚えてもらわないと、仕事はなかなかうまくいかな

いよ」とアドバイスしたところ、部下は「仕事がうまくいかないのは困る！」と不安を感じたのか、対面や電話でコミュニケーションをとる機会を増やすようになりました。

このように相手の心配や不安を利用して、自分の要求を承諾させる手法を**フィア・アピール**といいます。フィア・アピールはあからさまに強く脅したり叱ったりするのではなく、ソフトな話し方で表現したほうが効果的とされています。相手にあまり強い恐怖を与えると、強い苦痛を感じて恐怖した体験を記憶から消そうとしてしまうためです。

フィア・アピールが効果をもたらすのは、**プロスペクト理論**によるものと考えられています。プロスペクトとは、期待や見通しという意味で、プロスペクト理論は選択の結果として予測される利益や損失に対して、どのような行動をとるのかを示したものです。それによると、人は損をすることに対して敏感な傾向（損失回避）があり、利益が得られそうな場合はその利益が手に入らなくなるようなリスクを回避し、損をしそうな場合は損失を回避する

ビジネステクニック

ための行動をとるとされます。行動経済学者のダニエル・カーネマンと心理学者のエイモス・トベルスキーによって提唱されました。行動経済学の基礎を確立する理論の1つとなり、ノーベル経済学賞を受賞している理論です。

同じ期待値でも損得の条件が変われば判断が変わる

カーネマンとトベルスキーは、「1つだけの質問による心理学」と呼ばれる実験でプロスペクト理論を実証しています。実験では、次のような選択肢を挙げて参加者に選ばせました。「A：100万円が無条件で手に入る」「B：コインを投げて表なら200万円が手に入るが、裏なら何も受けとれない」。期待値はABどちらも100万円で同じ。期待値とは、くじやギャンブルで得られる報酬の平均を表す値のこと。報酬×確率＝期待値となります。

実験では、ほとんどの人がAの選択肢を選びました。しかし「もし200万円の借金がある場合は？」という条件を追加すると、ほとんどの人がBを選択しました。最初の質問では「50％の確率で何も手に入らない」というリ

「1つだけの質問による心理学」実験

質問1　AとBのどちらを選びますか？

A：100 万円が無条件で手に入る
B：コインを投げて表なら 200 万円が手に入るが、裏なら何も受けとれない

ほとんどの人がAを選択

「50％の確率で 200 万円が手に入る」ことよりも、
「50％の確率で何も手に入らない」というリスクを避けたい

質問2　200 万円の借金がある場合、AとBのどちらを選びますか？

A：100 万円が無条件で手に入る
B：コインを投げて表なら 200 万円が手に入るが、裏なら何も受けとれない

ほとんどの人がBを選択

「100％の確率で借金が 100 万円残る」という損失を避け、
「50％の確率でも借金を 0 円にしたい」と考える

人は得することを優先するよりも
損することを恐れて避ける傾向があるといえる

スクを避けた一方、借金がある場合は、「100％の確率で借金が100万円残るという損失を避けたい」「50％の確率でも借金を0円にしたい」という心理が働いたことがわかりました。

人は、得することを優先するよりも損することを恐れて避ける傾向があることが明確にされたのです。この心理を活用し、相手の心配や不安を利用して「損したくない」という気持ちに働きかけるフィア・アピールが有効といえるのです。

ビジネステクニック

強いクレームでも すみやかに収めるコツ

KEYWORD

ディスペーシング　シュガーランプ

Sさんの部下がクレームの電話に応対していました。相手は激怒している様子で、部下も感情的になってしまったのか、相手の大声に対抗するように声が大きくなっています。Sさんは電話を代わってもらい、ゆっくりと落ち着いて、粘り強く相手の話を聞きました。すると相手もトーンダウンし、話を収めることができました。

怒りや不満の感情に満ちあふれている人と話すときは、

相手の気持ちを落ち着かせることが最優先です。相手の話を傾聴し、丁寧に謝罪しましょう。謝罪するときは、低く落ち着いたトーンで話すことがポイントです。人は話をしているときに、無意識のうちに相手のトーンに自分のトーンを合わせようとします。そのため、こちらが落ち着いた静かなトーンを保ち続けることで、相手のトーンも落ち着いていくのです。このように相手に同調しない言動をすることを**ディスペーシング**といいます。

また、クレーム対応の最後には**シュガーランプ**という話法が使えます。甘い言葉をいうことで、相手の気持ちを静めたり、警戒心を解いたりするテクニックです。例えば「ご指摘、さすがです。ありがとうございます」「おかげさまで気づくことができました」などです。

ヒント！

クレームが来たら、まず「ご指摘くださり、ありがとうございます」といってみましょう。そして、言い訳しようとせず、相手の話を落ち着いて聞くことが大切です。

選択肢があると無難なものを選ぶ?

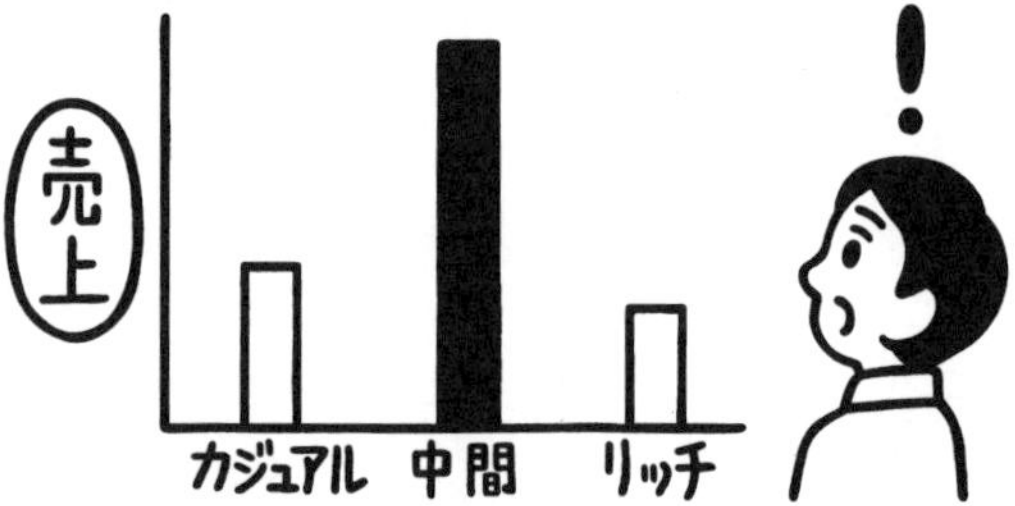

KEYWORD

松竹梅の法則（松竹梅理論）　極端性回避

Sさんは新商品への注目度を高めるため、3種のラインナップで展開することに決めました。経済的でカジュアルなタイプ、ちょっとリッチなプロ仕様タイプ、そしてその中間です。価格も3段階で設定しました。すると、中間タイプの商品が最もよく売れました。

このように価格設定をするときやバリエーションをいくつかつくるときなどに覚えておきたいのが、**松竹梅の法則**

（松竹梅理論）です。人は選択肢があった場合、中間のものを選ぶ傾向があるというものです。これは**極端性回避**という認知バイアスによるものです。中間のものを選ぶのは、損失を回避したいという心理が働いているためと考えられます。一番値段の高いものは内容に満足しなかったら損だし、一番値段の安いものは質が悪くてがっかりしたら損だし、という具合にリスクを回避しようと考えるのです。

このことから、ビジネスにおいてはお客さんに一番売りたいもの、一番誘導したいものを中間に設定し、それより安価なものと高価なものを設定する手法がよくとられます。よくあるのはレストランのコースメニューやお弁当の値段を、松竹梅などの3段階でランクづけしているものです。

また、人は「自分で決めたい」という欲求を持っています。そのため、ラインナップをつくってその中から選んでもらうことは、お客さんの満足感を高める点でもメリットがあります。

ビジネステクニック

大事な話は食事中にするとよい？

KEYWORD

ランチョンテクニック　パワーブレックファスト

Sさんは上司と一緒に取引先を接待することになり、お店の予約を任されました。有名なお店、高級なお店が喜ばれるだろうか、お酒は何が好きだろうか……。大きな契約を結んでもらいたいとき、その上司はいつも相手と食事をしながら交渉をうまくまとめていました。

　このように食事をしながら交渉する接待は、心理学から見ても理にかなっていることがわかっています。おいしい料理を食べているとき、人は幸せな気持ちで満たされます。そのため、おいしい食事をしながら聞いた話はよいイメージを抱くことができ、肯定的にとらえることができるのです。この効果を利用した交渉術を、**ランチョンテクニック**といいます。食事で相手に幸福感を与えることで好印象を持ってもらい、それによって交渉や要望を通しやすくするものです。

アメリカの心理学者グレゴリー・ラズランらの実験によっても、おいしいものを食べながら交渉をすると、相手は話を受け入れやすくなることが証明されています。アメリカでは、朝食をとりながら会議や打ち合わせをする**パワーブレックファスト**というものも行われています。

一緒に食事をした人への好感度が上がることもわかっているため、相手との関係を深める目的でもランチョンテクニックは有効だといえます。

ななめに座ると話がスムーズに進みやすい

KEYWORD

スティンザー効果（スティンザーの3原則）

Nさんは今日の会議でプレゼンする予定になっていますが、論破好きで有名な先輩も会議に参加すると聞いて緊張しています。先輩の正面に座ると萎縮してしまいそうなので、ななめの席に座りました。すると、普段よりも先輩の反論が少なく、無事に会議を乗りきることができました。

　Nさんが確保した席は、アメリカの心理学者バーナード・スティンザーが提唱した

スティンザー効果（スティンザーの3原則）

スティンザーによると、会議などで何人かが1つのテーブルに着くとき、座る位置などによって人に及ぼす印象が変わるそうです。その原則とは、次の3つ。①正面に座る人は反対意見であることが多い（過去に対立した人も正面に座りやすい）、②ある発言が出たあとの発言は反対意見であることが多い、③議長の権限が強い場合は隣同士で、弱い場合は正面同士で私語を話すことが多い、といいます。

スティンザー効果をもとに考えると、テーブルを囲んで行う会議の場合、対立したくない人の正面に座らないほうがよいでしょう。正面に座ると相手から見て攻撃的に感じられやすくなります。一方、ななめに座れば、反対意見を述べる場合でも受け入れられやすくなります。また、味方につけたい人がいれば、心理的距離が近くなりやすい隣に座るとよいでしょう。

会議ではなく、部下や後輩と面談したりアドバイスをしたりするときも、正面よりななめに座るほうが威圧感を与えずにすみます。

ビジネステクニック

人気店やアトラクションに長時間並んでしまうわけ

KEYWORD

社会的証明の原理　バンドワゴン効果

Sさんが準備を進めてきた新商品のPRイベントが、ついに開催されました。しかし開始から1時間経っても、客足が伸びませんでした。そこで、プロジェクトメンバーの中からサクラを立てて行列をつくると、にわかに人が集まりだしました。

人は行列を見ると、「多くの人が評価している」→「価値のあるものなんだ」→「自分も買わないと損かも」という心理が働きます。このように自分の判断よりも、多数の人の判断を信じて行動することを**社会的証明の原理**といいます。そして、社会的証明の原理によって、多数の人と同じ行動（同調→193ページ）を起こすことを**バンドワゴン効果**といいます。Sさんの PR イベントでは、サクラによってバンドワゴン効果を働かせることができたといえます。

アメリカの心理学者スタンレー・ミルグラムは群集心理に関する現場実験で、サクラの人数が増えるほど、その行動につられてしまう人が多いことを実証しました。多くの人がやっていることは、何か意味や意義があることと思い、自分も行ってしまうのです。

このことは行列だけでなく、インフルエンサーと呼ばれる人たちの影響力の大きさにも当てはめられます。SNSなどで数万人ものフォロワーがいるインフルエンサーのおすすめなら買わないと！という心理が働くのです。一時期、ステルスマーケティングが問題となりましたが、企業がインフルエンサーを使って商品などの宣伝を行いたいと考えるのはこのためです。

ビジネステクニック

「残りわずか」「限定品」といわれると買いたくなる心理

KEYWORD

希少性の原理　心理的リアクタンス　ロストゲイン効果

Nさんはふとショートケーキが食べたくなって、ケーキ屋へ行きました。すると、ショートケーキはたくさん並んでいたのですが、フルーツタルトは残り2つ。Nさんは思わずフルーツタルトを買ってしまいました。

多くの人が「残りわずか」「限定品」といった状況や言葉に購買意欲をかきたてられるのは、**希少性の原理**（法則、→100ページ）が働いているためと考えられます。手に入りにくいものに対し、より高い価値を感じるのです。希少性の原理は、アメリカの心理学者ロバート・チャルディーニによって提唱されました。

また、この希少性の原理によって、**心理的リアクタンス**（→124ページ）が生じているとも考えられます。「手に入りにくいもの」とわかると「いつでも手に入れられる」という自由を奪われたと感じ、自由を守ろうとする気持ちが働いて「ほしい」と感じるのです。

似たテクニックに**ロストゲイン効果**を用いたものもあります。マイナスの予想が外れると、それだけで幸福を感じられる効果です。「なくなったと思ったものが見つかった」「手に入らないと思ったものが買えた」と思うと、当初の予想がマイナスだった分、普通のことでも幸せに感じられます。例えば一度売り切れといわれてから、他の店の在庫を調べてもらったときに「1点だけ在庫がありました」といわれると思わず買ってしまうのはこのためです（ハイブランドのお店などで使われるテクニックです）。そのようなときはロストゲイン効果を思い出して、購入を検討してみるとよいでしょう。

ビジネステクニック

なぜ有名ブランド品がほしくなるのだろう？

KEYWORD

付加価値　ロイヤルティ（忠誠心）　栄光浴

Hさんはあるブランドの大ファンです。カバンから財布、ベルトまで、あらゆるものをそのブランドでそろえています。いつかは自分も独立して、そんなブランドを立ち上げてみたいという野望も抱いていますが、ふと「なぜブランド品はそんなにも多くの人をひきつけるのだろう」と、ブランドの持つ力について考えました。

ブランド品には、大きく分けて2つの**付加価値**があります。1つめは一次的価値です。品質が保証されている、他社商品との違いが明確であるといったことです。このブランドのものなら安心して買えるという安心感がブランドの価値になり、購買意欲につながります。

2つめは二次的価値です。そのブランドのものを使うことによって、自分らしさを表現できる、そうした自己表現をすることで心が満たされるといった価値です。

この2つの価値によって、Hさんのように「私はこのブランドのものを使う」と決めるような**ロイヤルティ（忠誠心）**を持ったファンが生まれていきます。

また、ブランド品は**栄光浴**（↓83ページ）を刺激するものであるともいえます。社会的に高く評価されているブランド品と自分を結びつけてアピールすることで自己評価を高め、かつ他者からの評価も高めようとするのです。

ビジネステクニック

「いつもきれいに使ってくださり、ありがとうございます」

いつもきれいに
使ってくださり
ありがとう
ございます

KEYWORD

心理的リアクタンス **バンドワゴン効果** **スノッブ効果**

Aさんは商業施設のトイレで、「いつもきれいに使ってくださり、ありがとうございます」という貼り紙を見ました。以前は「トイレはきれいに使いましょう」という書き方が一般的だったのに、最近はほとんどがこのパターンです。たしかに、自然と「自分もきれいに使おう」と感じられたのが不思議でした。

これは、**心理的リアクタンス**（→124ページ）を引き起こしにくい方法といえます。

「トイレはきれいに使いましょう」といわれると、自由を奪われる気がして抵抗したくなりますが、それを回避しているのです。

加えて、「いつもきれいに使ってくださり、ありがとうございます」というトイレの貼り紙は、社会的証明の原理による**バンドワゴン効果**（↓297ページ）による狙いも考えられます。「みんな、きれいに使っているんだな」と思わせることで、「自分もきれいに使わなくては！」と思わせているのです。

つまり、「いつもきれいに使ってくださり、ありがとうございます」という伝え方は自由を奪われることへの抵抗感が生じるのを回避しつつ、みんながきれいに使っていると思わせるという、2つの効果を狙ったものといえます。

ちなみにバンドワゴン効果とは反対に、多くの人がしていると知ると、「人と同じは嫌だ」などと思い、同じ行動をとることへのモチベーションが下がるのを**スノッブ効果**といいます。

ビジネステクニック

「誤前提暗示」で相手を自分の意図する回答に導く

KEYWORD

誤前提暗示　二分法の誤謬（誤った二分法）　白黒思考

Hさんはあるプロジェクトについて、上司にプラン1とプラン2のどちらでいくか2つの選択肢を提示して相談しました。実はプラン3もあり、上司はプラン3を好む傾向がありました。しかし諸々の事情からプラン3は避けたくて、Hさんはプラン1かプラン2しかないような聞き方をしたのです。

このように選んでほしくない選択肢を省くなどして、二者択一の選択肢を提示し、相手の判断をコントロールするテクニックを**誤前提暗示**といいます。人は提示された選択肢の中だけで、物事を決めやすいためです。もしHさんが「どんなプランにしましょうか」と聞いていたら、上司はきっとプラン3を提案してきたことでしょう。実際にはたくさんの選択肢がある中で、限られた選択肢しかないと思い込むことで生じる決断の誤りを**二分法の誤謬**《ごびゅう》（**誤った二分法**）といいます。特に極端な二択の場合は、**白黒思考**とも呼ばれます。

選択肢の数がわかる計算式もあります。「2^n＝選択肢の数」です。nは提示された選択肢の数、2は選択肢に対してそれぞれ「採用する／しない」という2つの選択が隠されていることを表します。例えば、Hさんが提示したプランでは2×2＝4となり、「プラン1にする」「プラン2にする」「どちらも選ばない」「どちらも選ぶ」の4つの選択肢があるとわかります。

ヒント！

この計算式を知っておくと、たとえ相手から二者択一で決断を迫られても、冷静に判断することができるでしょう。

ビジネステクニック

雑談やプライベートな話題から始めることの効用とは

KEYWORD

アイスブレイク　文脈効果

Ｓさんは、商談相手が前回会ったときよりも日焼けしていることに気づきました。いきなり本題に入るのを避けて、「いい色に焼けていらっしゃいますけど、どちらか行かれたのですか？」と聞きました。すると互いにキャンプ好きであることが判明し、話が盛り上がって一気に距離が縮まりました。

Ｓさんが商談前に仕事とは関係のない話題に触れたのは、**アイスブレイク**という手法です。会議や商談などの緊張感がある場で、本題に入る前に場の雰囲気を和ませるのに役立つコミュニケーション手法として知られています。例えば身近な話題をとり上げたり、ゲームをしたりします。アイスブレイクの話題として使いやすいのは、156ページで紹介した「木戸に立てかけし衣食住」、つまり季節、道楽、ニュース、旅、天気、家族、健康、仕事、衣料、食、住居の話題でしょう。

一見、本題には関係ないコミュニケーションが場の雰囲気を和ませるだけでなく、その場での意思決定などに大きく影響することがあります。この効果をアメリカの心理学者ジェローム・ブルーナーは、**文脈効果**としました。前後の状況や周囲の情報などにより、対象への認識が変わることがあるというものです。ささいな雑談でもお互いの距離が縮まることで、会議や商談の成果が高まることがあるのです。話題だけでなく、その場の状況や環境が影響することもあります。例えば、自己開示においても、居心地のよい環境ほど自己開示が進むことが明らかにされています。

長所だけでなく短所も伝えることで信頼度を上げる

KEYWORD

両面提示　一面提示　新近効果　ゲイン・ロス効果

Sさんはお客さんに商品の説明をする際、「こちらは従来品より1万円高いですが、有効成分は従来品の10倍配合されています。1回の使用量は従来品の半分以下ですむ点でも革新的な商品です」と商品の短所にもあえて触れて説明しました。

Sさんのように、相手を説得するときによい面だけでなく悪い面も一緒に伝えることを**両面提示**といいます。物事のよい面だけを伝えるより、あえて悪い面も伝えることで、誠実で正直な印象を与えることができます。それにより信頼を得られたり、信憑性《しんぴょうせい》が高まって説得力が増したり、クレーム予防ができたりします。

両面提示が有効となるのは、相手と「まだ信頼関係が築けていない」、相手が「対象物に関する知識を持っている」「論理的な思考の持ち主」「能力や提案に疑問を持っている」「思慮深い人である」「信念や価値観が自分と明らかに異なる」といった場合です。逆に相手が「対象物のことをよく知らない」、あるいは「対象物のことを好きである」「対象物のことをよく考える時間がない」というときには、よい面のみを伝える**一面提示**が有効とされています。

よい面より先に悪い面を伝えることもポイントです。そうすることでよい面のほうがより強く印象に残ります。これは最後に提示されたものが強く印象に残る、**新近効果**(↓282ページ)や悪い面を示すことでよい面が強調されるゲイン・**ロス効果**(↓167ページ)が働くためと考えられています。

ビジネステクニック

セルフ・プレゼンテーションで印象を操作する

KEYWORD

セルフ・プレゼンテーション　色彩効果　ギャップ効果

Nさんは、取引先に行く日は少しでも「できる女」に見えるように気をつかっています。今日は水色のブラウスに紺のスカートを合わせ、アイボリーのジャケットを羽織りました。また、よりキリッと見せるために、前回の商談ではおろしていた髪を束ねてみました。

　このように相手に抱かせる自分のイメージを意識的に変えることを、**セルフ・プレゼンテーション**といいます。ハロー効果（↓164ページ）に見られるように、見た目など目立つ特徴は内面など他の評価にも影響を及ぼします。そのため、相手に与えたい印象に合わせた服装やメイク、アクセサリーなどを選び、身だしなみを整えることでイメージアップを図ることができるのです。その際、**色彩効果とギャップ効果**（↓166ページ）を狙ってみましょう。

色彩効果は自分が身につけるものの色合いによって、相手の印象を操作するものです。Nさんが選んだ水色は落ち着き、紺は誠実さ、アイボリーは上品というイメージを与えます。その他、赤やオレンジ、黄はインパクトが強いので印象に残りやすく、黒は高級感や威厳のある印象を抱かせます。

ギャップ効果は相手を驚かせることによって、強いインパクトを与えるものです。Nさんはキリッと見せるために、前回の打ち合わせではおろしていた髪を束ねました。前回とのギャップによって、「前よりもやる気に満ちている？」「前よりも自信のある表情になった？」など、プラスの印象を与える効果が期待できるかもしれません。

ビジネステクニック

いったん肯定してから意見を伝えるとうまくいく

KEYWORD

イエス・アンド法　CER話法

Hさんが上司とプロジェクトで採用するプラン1の詳細を詰めているときに、上司から「やはりプラン2のほうがよさそうだ。変更しよう！」といわれました。Hさんは「もう動き出しているのに今さら!?」と焦りましたが、冷静に「そうですよね。プラン2のよいところをとり入れたらプラン1がさらによくなりそうですね」と答えたところ、上司も納得してプラン1の路線にわずかな変更を加え

ただけで進められることになりました。

Hさんが用いたのは、**イエス・アンド法**です。相手の意見を肯定したうえで「では」「それなら」と続け、肯定したままの流れで自分の意見を提案する方法です。真正面から反論すると、相手も自分の意見を引っ込めなくなるかもしれませんし、論破できたとしても2人の間にわだかまりが残るおそれもあります。いったん肯定したうえで、「でも」「しかし」と反対意見を述べるイエス・バット法もありますが、否定するので論破とあまり印象は変わらないといえるでしょう。説得されると拒否したくなる心理的リアクタンス（→124ページ）も働きやすくなります。

また、コミュニケーションスキルの専門家である箱田忠昭が提唱する**CER話法**というものもあります。反論するときにCushion（反対を受け止める）、Example（具体例を挙げる）、Reason（理由を説明する）の流れで伝えることで、相手を不愉快にさせることなく自分の意見や主張を伝えられるものです。論理的な反論をするうえで有効な手法の1つでしょう。

ビジネステクニック

※本書の参考文献は、弊社ホームページに別途掲載しています。

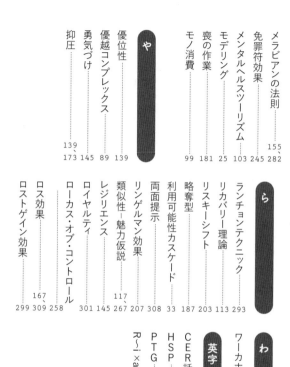

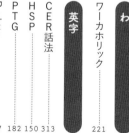

小口孝司（おぐち・たかし）

立教大学現代心理学部教授。博士（社会学）。東京大学大学院社会学研究科心理学専門課程博士課程修了。昭和女子大学、千葉大学などを経て、現職。専門は社会心理学、産業・組織心理学、観光心理学。人が生き生きと働ける社会、産業の活性化のために、応用社会心理学に基づく幅広い提言をおこなっている。編著書に『観光の社会心理学』（北大路書房）、共編著に『社会心理学の基礎と応用』（放送大学教育振興会）、『仕事のスキル―自分を活かし、職場を変える―』（北大路書房）などがある。

Staff　ブックデザイン／吉村朋子　イラスト／山内庸資　編集協力／パケット
構成／肥後晴奈　校正／くすのき舎

世の中にひそむ「本当」が見えてくる
心理学の超きほん

2023年10月10日　第1刷発行

監修者　小口孝司
発行者　永岡純一
発行所　株式会社永岡書店
〒176-8518
東京都練馬区豊玉上1-7-14
代表 03（3992）5155　編集 03（3992）7191

DTP　センターメディア
印刷　精文堂印刷
製本　コモンズデザイン・ネットワーク

ISBN 978-4-522-45417-6 C0176